在自然中快乐成长

北京市石景山区实验幼儿园自然教育活动案例

张艳君　主编

中国发展出版社
CHINA DEVELOPMENT PRESS

图书在版编目（CIP）数据

在自然中快乐成长：北京市石景山区实验幼儿园自然教育活动案例 / 张艳君主编. —北京：中国发展出版社，2024.3

ISBN 978-7-5177-1414-9

Ⅰ.①在… Ⅱ.①张… Ⅲ.①幼儿园—教学活动—教案（教育）Ⅳ.①G612

中国国家版本馆CIP数据核字（2024）第017797号

书　　　　名：在自然中快乐成长：北京市石景山区实验幼儿园自然教育活动案例
主　　　　编：张艳君
责 任 编 辑：王　沛　贾雅楠　吴若瑜
出 版 发 行：中国发展出版社
联 系 地 址：北京经济技术开发区荣华中路22号亦城财富中心1号楼8层（100176）
标 准 书 号：ISBN 978-7-5177-1414-9
经 销 者：各地新华书店
印 刷 者：北京博海升彩色印刷有限公司
开　　　　本：710mm×1000mm　1/16
印　　　　张：12
字　　　　数：156千字
版　　　　次：2024年3月第1版
印　　　　次：2024年3月第1次印刷
定　　　　价：49.00元

联 系 电 话：（010）68990630　68360970
购 书 热 线：（010）68990682　68990686
网 络 订 购：http://zgfzcbs.tmall.com
网 购 电 话：（010）88333349　68990639
本 社 网 址：http://www.develpress.com
电 子 邮 件：330165361@qq.com

《在自然中快乐成长：北京市石景山区
实验幼儿园自然教育活动案例》
编委会

主　编

张艳君

编　委

李　徽　孟　莉　王钰雅　李　萌　邬　婧

王姣姣　张　雪　胡　瑞　张梦雅　张　薇

刘　平　梁　瑶　梅雪萌　杨　淼　高　珊

常文静

前　言

　　苏霍姆林斯基说过："校长对学校的领导，首先是教育思想的领导。"对一所幼儿园来说，这种思想就是园所文化。基于幼儿园长期积淀而成的园风和文化底蕴，伴随幼儿园的特色发展过程，北京市石景山区实验幼儿园在"办阳光幼儿园，享健康快乐童年"的办园理念基础上，确立了幼儿园的阳光文化，包含阳光理念文化、阳光行为文化和阳光形象文化三个部分。

　　近几年，幼儿园管理者进一步挖掘阳光文化的内涵，为"阳光"寻根、立根，建立了阳光文化的理念根基——自然教育思想，即阳光文化落实在幼儿的教育上，就是要以自然教育思想为根基，尊重幼儿天性和发展规律，做接近幼儿真实生活的教育。于是，推动自然教育在幼儿园教育教学中落实，支持教师在开展自然教育过程中获得智慧的成长，成为幼儿园管理的重要课题。

一、明晰自然教育的含义，让理念富有意蕴

　　建立在自然教育思想这一根基上的教育与之前开展的教育有哪些不同？什么样的教育符合自然教育思想？这是老师们首先产生的疑问。对这两个问题的回答有助于教师树立科学的教育理念。我们通过阳光大讲堂、专题研训等活动，阐释自然教育思想的含义，帮助教师明晰自

然教育思想的内涵和外延，使教师的教育理念遵循自然教育的意蕴。

我们先从概念界定入手，列举了卢梭、亚里士多德、夸美纽斯、苏霍姆林斯基、庄子、王阳明、陶行知等古今中外的思想家、哲学家、教育家对自然教育的阐述，总结出自然教育的三个意蕴：一是在自然中学习，即在自然环境中自发学习，我们称为"置于自然"；二是用自然的方式学习，即顺应幼儿发展规律，用自然的方式支持幼儿学习，我们称为"自然而然"；三是自然成长，即尊重幼儿的发展规律和兴趣需要，个性化地自然发展，我们称为"顺其自然"。

几次研训活动之后，"置于自然""自然而然""顺其自然"成为我园教师判断自然教育的要点。以此要点为参照，教师不断转变教育理念，在组织活动时注重让幼儿在自然环境中亲身体验，主动寻找幼儿自发产生的兴趣点和问题点，支持幼儿自然探究、解决问题，富有个性地发展。

二、梳理自然教育的路径，让教育有迹可循

明晰了自然教育的意蕴之后，如何开展自然教育成为教师实施自然教育的首要问题。对这一问题的解答有助于教师获得自然教育的组织内容、实施策略和指导方法，提升教师专业能力。因此，我们通过经验梳理、案例分析等方法帮助教师提炼自然教育的路径，学会建构自然教育课程的方法。

我们带领教师一起梳理以往开展过的符合自然教育意蕴的教育实践。教师们发现，幼儿园打造的小菜园、小果园、小药园、自然收集长廊、幼儿烹饪室等一体化的教育环境，将种植、采摘、储存、收集、美食制作与品尝联结起来，带给孩子们丰富的学习体验。这就是让孩子们在自然的环境中学习，在与自然物的互动中滋养心灵。同时他们还提出，不仅是园内自然环境的创设和运用，还有我们组织幼儿到公园、社区的

社会实践活动也为孩子们在自然中学习提供了机会。基于对自然资源的讨论，教师们梳理了第一条自然教育的路径，即创设自然的环境，让学习在自然中发生。

利用自然资源这个点引发教师列举出很多教育实践活动，如让孩子们在雨中踩水、在雪中游戏；采摘幼儿园的杏子、苹果、南瓜、豆角、黄瓜、柿子；菜园的虫子吃了圆白菜，孩子们去设计捕虫工具等。这些鲜活的案例让老师们感触到教育内容源于幼儿的真实生活、真实事件和真实问题，幼儿园的自然环境和一日生活是幼儿学习的重要资源和内容。在与自然资源和生活经验互动的真实经历中，孩子们认识到了自然现象，知道了动植物的生活习性和生长变化。基于对生活案例的分析，教师们梳理了第二条自然教育的路径，即回归真实的生活，让经历成为活动的起点。

对自然的关注还让老师们对节气和节日文化产生了浓厚的兴趣，比如清明节前后的种植活动、春分秋分的竖蛋活动、中秋重阳节制作月饼和重阳糕等活动，通过这些活动，孩子们了解了大自然的神奇和美丽、节气和人们生活的关系，萌发了保护大自然的意识。基于对节气活动的探讨，教师们梳理了第三条自然教育的路径，即传承节气文化，让传统习俗丰富自然教育内容。

这三条自然教育的路径源于教师已有的教育实践活动，借由管理者的引导梳理提炼出来，成为教师们以后设计自然教育活动、开展自然教育所遵循的路径和方向。

三、分享自然教育的案例，让智慧自然生长

三条路径的梳理提炼为之后自然教育活动的开展指明了道路。教师实践的着力点逐渐由活动内容的设计转向幼儿的学习。如何引发幼儿对自然的学习和探索？如何支持幼儿持续探究的愿望和行动？成为落实自

然教育理念和内容的关键问题。对此问题的解答有助于教师更好地了解儿童、支持儿童、推进儿童的学习，提升教师的指导能力。因此，我们采用案例分享会、主题展示会的方式提供回顾、反思的机会，帮助教师反刍自然教育开展过程中的智慧。

对自然的兴趣是如何引起的？我们引导教师根据自然教育的三个意蕴讨论这一问题。教师们提出，幼儿的学习是在感知体验中进行的。因此，教师需要提供真实的自然物，支持幼儿通过触摸、观察或品尝等感知这一自然物，激发对自然物学习的兴趣。例如，春天播种时节，教师带领幼儿选地、选种，开展种植活动，让幼儿参与植物的养护和管理，如浇地、除草、架秧等。幼儿园的南瓜熟了，幼儿寻找合适的工具：跳袋、滑板车、大筐来采摘南瓜。不到 1 小时的时间，孩子们把近 20 个南瓜从三楼楼顶小菜园运到了自然长廊。他们又利用周末时光，和爸爸妈妈一起收集南瓜美食的制作方法，把食谱带到幼儿园和小朋友们分享，在幼儿烹饪室制作南瓜糯米饼。从自选工具采摘南瓜到品尝南瓜美食，孩子们在感知体验中不断积累经验，认识世界。这些例子让教师感受到：丰富的感知体验引发幼儿对自然的学习和探索。

对自然的探究是如何持续的？大三班邬老师向大家分享了"各种各样的蛋"活动案例，展示了孩子们买蛋—孵蛋—养小鸡的精彩瞬间。邬老师班里的问题墙吸引了老师们的注意。问题墙上呈现了孩子们在整个活动过程中产生和想要探究的问题，如蛋可以怎么吃？蛋有什么作用？蛋是怎么产生的？所有的蛋都能孵出小鸡吗？种蛋怎么孵出小鸡？怎么养刚孵出的小鸡？等等。问题墙带给教师们深刻的感触：问题推进幼儿持续的探究。幼儿在真实自然情境和体验中观察与发现所产生的问题，是自然教育活动的生长点。教师要通过倾听、观察和记录及时捕捉幼儿的问题和兴趣点，筛选有价值的问题，并通过支持幼儿探究问题的答案，持续推动幼儿深度学习。

对自然学习的经验是如何交互的？中三班开展了"好柿连连"自然教育主题活动。在主题活动临近收尾的那周，教师举办了"好柿连连大柿集"主题展示会。孩子们制作了本次"柿集"活动的海报、邀请函、柿子手印签到画和柿集卡，邀请老师和家长们参加"柿集"活动。他们首先展示了自制柿子装扮 T 台秀，然后朗诵了创编的《柿子谣》，随后带领"客人们"到"吃货小柿界"里品尝自己制作的柿子饼、柿子酱、柿子果冻，到"柿界真精彩"中欣赏柿子折纸、插花、绘画、泥工等美术作品；最后，他们集体呈现了表现柿子采摘场景的歌舞。教师在分享展现幼儿多种形式的探究成果中，利用幼儿之间、幼儿和家长之间、幼儿和教师之间的社会性相互作用，帮助幼儿分享经验、整理经验、重组经验，使幼儿对同一事物与现象（柿子）从不同的侧面、不同的角度来观察和思考问题，实现经验整合式的深度思考，从而形成多方面的学习经验。在对这一案例的分析过程中，教师们体会到：分享、展示活动促进了幼儿的社会交往和共同学习，让他们在交流互动中实现新的成长。

对自然教育课程的研究和探索过程，是启迪教师智慧、提炼实践经验的过程。只有让教师体会到自己在教育实践中的智慧，才能激发教师研究的热情、探索的兴趣，才能真正实施好自然教育。随着幼儿园自然教育活动的组织与实施，教师们逐渐把自然现象置于植物、动物和人的关系语境中，饱含感恩、欣赏的情感，理解了大自然中事物间的关系，感受到自然的神奇和伟大，丰富了生命体验。

张艳君

北京市石景山区实验幼儿园

目　录

第一章

小班自然教育活动案例

幼儿园里的"郊游"

执教教师：李萌

一、活动背景

　　小朋友们过完春节回到幼儿园，一些宝贝还"不适应"，来园后有时哭哭啼啼，也不愿意参与游戏，总是喊着找妈妈。为了帮助孩子们尽快适应幼儿园生活，帮助他们在幼儿园找到安全感，缓解初返园的分离焦虑情绪，我们以入园过渡周的方式，常常带他们到户外游戏，想方设法让孩子们感受到：这是一所好玩有趣的幼儿园，这里也像家里一样温馨，甚至比家里还有趣。

　　春天，幼儿园嫩绿的小草纷纷探出了头，美丽的花儿也竞相开放，孩子们每次户外游戏时都特别开心，几个闹情绪的小朋友一到户外，情绪也有所好转。美琪说："咱们幼儿园就像公园一样，真是太美了，我一出来就不想妈妈了！"六一小朋友兴奋地说："我就喜欢逛公园，就像和爸爸妈妈一起去郊游一样！"其他小朋友也应声附和。看着孩子们开心的样子，我们班"幼儿园里的'郊游'"活动便应运而生。

二、活动目的

通过"幼儿园里的'郊游'"活动，幼儿熟悉了幼儿园的环境及主要特征，感受到了幼儿园的美，缓解了他们的分离焦虑情绪，变得喜欢来幼儿园；在"郊游"的过程中，让他们运用多种感官感知幼儿园里花草树木的变化；能用语言、绘画等方式表达自己的感受；知道游玩时果皮、纸屑应该放在垃圾箱内，懂得不摘花、不践踏草坪等文明行为，丰富他们的生活经验；鼓励他们主动参与活动，使他们更加自信，体验小伙伴在一起的快乐！

三、活动过程与实施

活动一：逛逛我的幼儿园

户外活动前，孩子们七嘴八舌地猜着今天户外去哪里玩儿。

李新颜说："我想去后院的草坪玩儿。"

翟镜淇说："我想去爬网那里玩儿。"

李一杨抢着说："我最喜欢去大滑梯那里玩儿。"

杨美琪说："我特别想去'冒险岛'，那里的白玉兰花都开了，可漂亮了。"

听着孩子们兴奋地说着，我也参与进来："你们觉得幼儿园里哪里最好玩儿？"

李雨恬第一个说："我觉得大滑梯那里最好玩！""我喜欢玩爬

网！""我喜欢去中庭玩，那里有沙池，还有水车！"

游园之行开始……

从探索区开始，老师带着幼儿边散步边观赏，探索区里有好玩的摆荡球、秋千、彩色大滑梯、桥形爬网和环形爬网，神秘又有趣的"冒险岛"，草地里藏着的小花和小昆虫……处处吸引着孩子们的目光，他们摸摸这里看看那里，好奇极了。

孩子们最感兴趣的还是彩色大滑梯，葵葵兴奋地说："这是个圆筒滑梯！"大家开始躁动起来。胆大的吴侯祺率先爬上去，从圆筒滑梯一溜烟地滑下来，激动地说："好好玩！"其他孩子也在附近找到了感兴趣的东西，有的荡起了秋千，有的爬上了桥形爬网，有的蹲在地上捡落下的花瓣，有的躲进"冒险岛"的洞中……

喆喆爬到滑梯上面，"嗖"的一下从上面滑下来，嘴里大声喊着："坐飞机喽！"

田炎坐在高高的桥形爬网上指着幼儿园外面："我看到318路汽车啦！"

杨杨从"冒险岛"的洞洞里钻了出来，开心地对着廖梓涵说："我是一只毛毛虫。"然后两人一起玩起了钻洞洞的游戏。

李玥彤坐在秋千上荡来荡去，还有一部分小朋友在她的身边，焦急地等待着，也要玩秋千："玥彤、玥彤，我也想玩。""你快下来呀，你都玩半天了！""玥彤，你玩完了该我了。"

舒心环顾四周说："这里还有很多树，这是什么树呀？好大的树！"

逛幼儿园成了大家每天最期盼的事，而每天户外活动时间成了逛幼儿园的好时机。每次逛完幼儿园，老师都和孩子们一起分享有趣的事情和好玩的地方。

舒逸安说："圆筒滑梯，它长长的，像大象的鼻子，我们就像从大象的鼻子里滑下来。"

梦卿说："我喜欢玩沙子，可以搭城堡。"

齐昭玥说："水车好好玩，用手可以转起来。"

大川说："跷跷板最好玩了，我可以和我的好朋友一起玩。"

翟镜淇开心地说："我最喜欢'冒险岛'，可以在里面捉迷藏。"

蓉蓉说："树上的花都开了，风一吹好像下了一场花瓣雨。"

卢思远说："我爬到爬网的最高处，可以看到很远的地方。"

逛逛幼儿园，看一看、摸一摸、问一问、猜一猜，孩子们都乐在其中。当孩子们和幼儿园的花花草草、玩具材料有了联系时，他们开始变得开心、放松，也更加适应幼儿园的生活，就喜欢来幼儿园了（见图1-1）。

图 1-1　孩子们快乐游园

活动小结

孩子们在逛幼儿园的过程中充满好奇和快乐，慢慢熟悉幼儿园、喜欢幼儿园，享受幼儿园生活，发现有趣、好玩的地方，忘记了对幼儿园的恐惧和陌生感。我们发现，孩子无须指导，便能在新环境里自然地展示自己——无论是欢呼雀跃地奔跑游戏，还是安静地在草地上躺一躺，或是用自己的语言与花草树木进行有趣的交流，哪怕一次寻常的户外活动，他们都可以将其变成一次充满奇趣的探险之旅……他们感知到自己有能力与环境发生互动，慢慢地适应了幼儿园生活。

活动二："寻宝"游戏

爱玩游戏是孩子的天性，是他们学习认知的方式。小班幼儿喜欢和自然互动，怎样充分利用幼儿园天然的"花园"来解决返园焦虑这个充满挑战性的问题呢？为了帮助幼儿喜欢幼儿园、喜欢来幼儿园，我们决定将游戏场地转移到户外，让孩子们喜欢上幼儿园里的一草一木，感受大自然的美好。

小班幼儿最喜欢捡各种各样的东西，石头、花瓣、叶子、羽毛……他们都当宝贝一样，捡到后欢呼雀跃地跑过来给老师看，跟同伴一起寻找、分享。户外活动"寻宝"游戏，成为孩子们一天中最快乐的时光。他们在草坪上奔跑、打滚；在"冒险岛"里自由钻爬；去楼顶的小菜园拔草、翻土、种菜苗、浇水；还制作"小菜园心愿卡"绑在了菜地周围的小篱笆上；在沙池中寻找"宝藏"；捡各种飘落的花瓣，下一场"花瓣雨"；看花草、找虫子……有的幼儿还将找到的"宝贝"带回教室，或是放进衣兜里，等着放学时跟爸爸妈妈分享。

史宇彤说："我找到了许多小树枝，我要给小鸟搭个鸟窝。"

舒逸安说："这是我找到的石头，我要放到咱们班的小鱼缸里。"

美琪指着白皮松说："萌萌老师快来，你看这个树的树皮都掉下来了，它是一片一片的。"

杨杨应和道："我知道这是松树，我还捡到了它的松针了呢。"

雨恬蹲在海棠树下捡着一片片飘落的海棠花瓣，数道："一片、两片、三片、四片、五片、六片、七片、八片、九片、十片……"

幼儿在"寻宝"游戏过程中，热衷于各种捡拾。在捡拾的过程中，孩子们发现了海棠花、梨花、玉兰花的花瓣有相似的地方，也有不同的地方，发现在大滑梯附近有三棵海棠树，在爬网区有一棵梨树，在"冒险岛"旁边有两棵玉兰树。孩子们的"寻宝"游戏也从之前的随意性变得有目的性。

今天，孩子们来到探索区，探索区有海棠树、松树、梨树、银杏树等各种各样的树，有铺满鹅卵石的小路，有藏有蜗牛的大滑梯，有长长的花坛长廊，有小小蚂蚁窝……看着这么丰富的自然资源，我们决定换个"寻宝"的方法。我四处寻找，捡起一片玉兰花瓣、一根树枝、一块石头、两片海棠花瓣，然后将孩子们叫过来，将手中的自然物摊开："看看萌萌老师找到了哪些'宝贝'。"孩子们探着头好奇地看着我手中的"宝贝"，一一说出它们的名字。我接着说："下面我们来玩一个'寻宝'游戏。"孩子们一听游戏立刻兴奋起来，忙问："怎么玩呀？怎么玩呀？"我神秘地说："请你去找一找，看看谁能找到和老师手中一样的自然物。"我刚说完，孩子们一下子四散跑开，开始寻找。

果果第一个跑回来："萌萌老师你看，我找到了许多玉兰花瓣。"

彤彤一会也摊开手："我找到了石头和海棠花瓣。"

吴侯祺跑过来让我看："我找到了石头、海棠花瓣、玉兰花瓣，还有树枝。"

淇淇说："萌萌老师看我找到的石头多大。"

孩子们陆陆续续找到自认为和我一样的东西并来到我身边让我看，这时我摊开手："你们看看，你们和我找的一样吗？"

小喜看了看说："不一样，萌萌老师找了四样东西，我只找到三样。"

果果说："我找的花瓣太多了，萌萌老师的是一个玉兰花瓣。"

吴侯祺高兴地说："我找对了，我和萌萌老师找的一样。"

就这样，我和小朋友一起对比着自己找的自然物，只有吴侯祺、梦卿、舒逸安小朋友找对了，其他小朋友都为他们鼓掌，也了解了"寻宝"

游戏的规则。

接下来，第二次"寻宝"游戏开始了。这一次孩子们要寻找的自然物是：一块黑色的石头、一片银杏叶、一朵梨花、一片白皮松的松树皮和一小串松针。由于这次找的东西比较多，我鼓励孩子们可以找好朋友一起"寻宝"。在我的提议下，孩子们分成男孩一组和女孩一组，开始"寻宝"。

女孩组：

小妹说："舒心，你知道银杏叶在哪吗？"

舒心说："好像在梅花桩那边有一棵，它的叶子像小扇子一样。"

吴姵霖："你们看，我捡到石头了。"

杨美琪："老师手里的石头是黑色的，你的是灰的，我们再找找一样的吧。"

男孩组：

梓涵说："我找到白皮松的树皮啦，你们看。"

星星说："我找到松针了，这个松针太难找了，我是在草丛里找到的。"

卢思远说："我能摸摸吗？呀！这个松针好扎，像针一样。"

田炎高兴地跑来说："我在'冒险岛'的洞洞里发现了一块黑色的石头。"

15 分钟后，我请孩子们回到我的身边，我们一起来分享每组找到的自然物。经过孩子们"火眼金睛"的对比，男孩组比女孩组多找到一小串松针，取得胜利。女孩组也不认输，约好了下次再比。

孩子们通过"寻宝"游戏认识了松树、柏树、玉兰树、海棠树、梨树，以及花池中的四季海棠、小雏菊、三色堇、矮牵牛、牡丹花、蒲公英，还发现了草丛中的小蚂蚁、雨后树干上的小蜗牛、采花蜜的蜜蜂、蝴蝶……（见图 1-2）

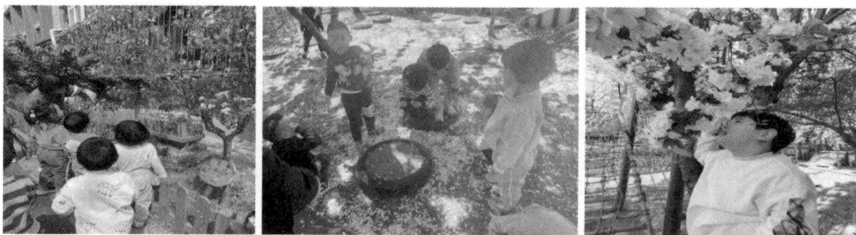

图 1-2 "寻宝"识物

活动小结

陈鹤琴先生说，爱自然是儿童的天性，自然界是幼儿园最好的教室，也是幼儿园的一个大设备。"寻宝"游戏的生成源于幼儿的兴趣与发现。他们在游戏中发现在幼儿园每天都有不同的乐趣、每天都有新奇的事物让他们去寻找，因此他们愿意来幼儿园，来玩更多的游戏，来和老师一起做有趣的游戏。在"郊游"过程中，教师充分利用幼儿园的自然资源，珍视游戏和生活的独特价值，营造宽松的探究氛围，引导幼儿亲近自然，激发他们对身边常见的事物和现象的探究兴趣，最大限度地支持与满足他们通过直接感知、亲身体验和实际操作探究感兴趣的事物、现象与问题，进而熟悉幼儿园的一草一木，喜欢上幼儿园，能够感受幼儿园的美。

活动三：带娃娃去野餐

若问小朋友最喜欢的区域游戏是什么，那一定是娃娃家。孩子们通过扮演爸爸、妈妈、爷爷、奶奶等角色，将在家里的生活体验迁移到幼儿园，减轻他们对幼儿园的陌生感，增强对幼儿园的归属感。在娃娃家里，幼儿非常自主、放松，他们给宝宝过生日、招待客人、给娃娃看病、打扫房间、听音乐会……他们喜欢表达、表现，发现幼儿园就像家一样，就会更加喜欢来幼儿园了。

随着"幼儿园里的'郊游'"活动的开展，娃娃家里也有了"带娃娃去野餐"的游戏创意。

瑞星媛说："今天天气不错，我们带着娃娃去'郊游'吧！"

翟镜淇说："咱们去哪里'郊游'呀？"

吴侯祺说："'郊游'要开车的，我们应该去远一点的地方。"

刘翊杉说："要去远的地方，我们就在外面吃饭吧。"

瑞星媛说："那我们一起野餐吧，和爸爸妈妈一起郊游的时候，我最喜欢野餐了！"

翟镜淇说："我也是，我也是！我也最喜欢野餐啦！"

刘翊杉说："好的，我们带宝宝（布娃娃）一起去野餐吧！"

杨杨说："要是咱们能到外面去拍照、野餐就更好了。"其他小朋友也一一响应。

听到了孩子们新的希望，我们又有了新的话题——"我们可以在哪儿野餐？"

彤彤说："我们到操场上，那里非常大。"

舒逸安说："我们应该到树下面去，那里有阴凉，不会太晒。"

嘉嘉说："可以去草地上野餐，草地上软软的。"

……

孩子们讨论得热火朝天。我们在户外游戏时，开始寻找适宜野餐的地方，最后，孩子们一致认为后院的滑索区最适合野餐。孩子们开始畅想野餐时可以做什么。

梦卿说："可以在这里玩吹泡泡。"

雨恬说："还可以放风筝！"

小喜说："要是有帐篷就更好了，可以在里面睡觉。"

贝贝说："这些我们班里都没有，怎么办？"

球球说："我家有好多野餐用的东西，明天就带来！"

听到球球这么说，孩子们都要把家里野餐的物品带到幼儿园来。追随着孩子们的想法，我们一起讨论了野餐需要带的物品和食材，还提议带一些户外游戏的材料，如泡泡枪、风筝、飞盘等。

接下来的几天里，小朋友们从家里带来了野餐垫、野餐筐、小背包等，装备齐全，等到游戏时间，就会在娃娃家开始准备野餐的食材。他们用半成品做了三明治、小包子、小饺子，准备好各种水果、饮料，还贴心地给"娃娃"带上了奶瓶、遮阳帽、小推车，并细心地把准备好的食材放进野餐篮和小背包里。

在老师的陪同下小朋友们带着自己准备的食材、野餐物品来到草坪上。杨梦卿铺好野餐垫，其他人将食物、餐具摆放好。

李新颜说："快来尝尝我做的三明治。"

刘乐安说："这是我做的水果沙拉，宝贝最喜欢吃。"

史宇彤说："谁能给我倒一杯果汁？"

杨梦卿兴奋地说："我们一起来干杯吧！"

孩子们有说有笑。在愉快的氛围中，孩子们吃得饱饱的。

于大川说："萌萌老师，您能和我一起放风筝吗？"

在于大川的邀请下，我们开始一起放风筝。大川使劲带着风筝跑，终于在第四次奔跑时让风筝飞上了天空。杨梦卿和雨恬玩起了吹泡泡的游戏。李新颜将"小娃娃"抱到帐篷里轻轻地哄她睡觉。而刘乐安则在草地上打起了滚。

欢乐的笑声飘荡在幼儿园的上空。

活动小结

娃娃家的野餐游戏是在"幼儿园里的'郊游'"活动中孩子们自发生成的。幼儿通过户外郊游游戏想到室内郊游游戏，再拓展到户外野餐游戏。在游戏中，老师始终支持孩子的活动，并和孩子们一起不断地增添必要的游戏材料，触发更多的游戏情节，让孩子们的游戏变得更有趣，丰富孩子们的生活体验，并且关注个性化儿童，通过有趣的情境吸引内向的、不善于与别人交往的幼儿大胆参与。老师通过角色扮演的方式鼓励他们，发现他们有游戏的欲望后积极引导；当他们遇到困难时，老师及时鼓励不要退缩，增加他们的自信心，让他们逐渐感受到游戏的快乐，慢慢敢和他人商量并友好交往，放松自己，进而喜欢来幼儿园。

四、活动反思

快乐的"幼儿园里的'郊游'"活动是发现的过程，是体验的过程，是表达的过程，更是孩子们爱上幼儿园的过程。作为老师，怎样快速有效地帮助幼儿排除返园适应期的焦虑呢？我们会温柔而坚定地回答："最好的方法就是爱。"游戏中善于观察幼儿，发现、把握幼儿的个性需求，通过用心的呵护、适当的鼓励、有趣的游戏，帮助幼儿疏导情绪、交付真心，从陌生、抗拒到快乐、欣喜，从"我的家"到"我们的家"，让孩子们体会到和老师游戏的的快乐，体会到和同伴交往的快乐，体会到幼儿园的快乐，体会到"我们的家"的快乐。

自然物助力小班宝宝的入学

执教教师： 邬婧

　　小班幼儿需要幼小衔接吗？小班幼儿能做幼小衔接吗？我在教学实践中发现，真正科学的幼小衔接应该从小班甚至婴儿期就科学地抓住各个发育黄金期。只要抓住适合幼儿年龄特点的教育契机，比如以我们身边的大自然作为最好的教育资源，幼小衔接就很好入手。《幼儿园入学准备教育指导要点》指出，3～6岁是为幼儿后继学习和终身发展奠基的重要阶段，也是为幼儿做好入学准备的关键阶段。帮助幼儿科学做好入学准备教育，是幼儿园教育的重要内容。因此，小班开学初期我就尝试运用幼儿园中的自然环境与幼儿互动，让他们发现自然、接触自然、游戏于自然，从而引导幼儿自然而然地为入学做好准备。

一、赶走坏情绪的向日葵

　　小班初入园的孩子首先面对的是步入新的环境所带来的不安与难过，怎样让孩子能够尽快地转移难过情绪？除了丰富的游戏就是大自然给予我们的美好馈赠。带着孩子走出教室，开着"小火车"，游走在花园、果园中，让孩子看到周围的新环境中竟然有这么多触手可得的花草、水果，孩子脸上自然而然地露出笑容。

（一）哇！两株向日葵

这一天，我们像往常一样，开着"小火车"，唱着歌来到幼儿园花草盛开的中庭开始游戏。最先被发现的是矗立在爬网中央的两株向日葵。

瞬间，孩子们欢呼雀跃地向网上爬去，边爬边说："它是黄色的！""高高的向日葵！""它可真大！"终于爬到向日葵跟前，孩子们开始你一把、我一把地上手就抓，抓到自己身边凑着去闻一闻！

那一刻我的脑海中开始做斗争，我要不要叫停，让孩子远远观看而不去接触，把爱护环境、爱护花草的道理讲给小家伙们？可是小班孩子接触事物的特点就是动手摸一摸呀。最终，我还是尊重了孩子的学习特点，小声提示："我们可以摸一摸、闻一闻，但是，不要把向日葵宝宝揪下来，因为她离开妈妈会特别难过。"孩子们听到我的提示，动作变得轻柔了很多，轻轻抚摸向日葵的小花瓣。从跟向日葵亲密接触开始，这两株向日葵就住进了孩子心里，只要进行户外活动，孩子们就想去看向日葵，我就满足孩子。

盼望着，盼望着，突然有一天向日葵变了模样，细心的小家伙发现向日葵的棕色花蕊变成了黑色，大家都要去看一看、摸一摸，我也提出了新的问题：摸上去什么感觉？"扎扎的！""硬硬的！"我欣喜地继续提问："为什么花蕊的部分变成黑黑的、扎扎的呢？"二晨大声说："这是瓜子！"

一听是瓜子，有的孩子可按捺不住了，小手一揪，一个小小黑黑的瓜子下来啦！大家兴奋不已，都要去揪一揪。于是，我拿来剪刀，帮孩子把向日葵盘剪下来，让孩子到宽敞安全的地方去揪一揪、尝一尝（见图1-3）。回家的时候，我们把小瓜子放在一个精致的小袋子中，让孩子拿回去给爸爸妈妈看一看、尝一尝。家长们意外不已，赞叹幼儿园真是一个幸福的大花园。

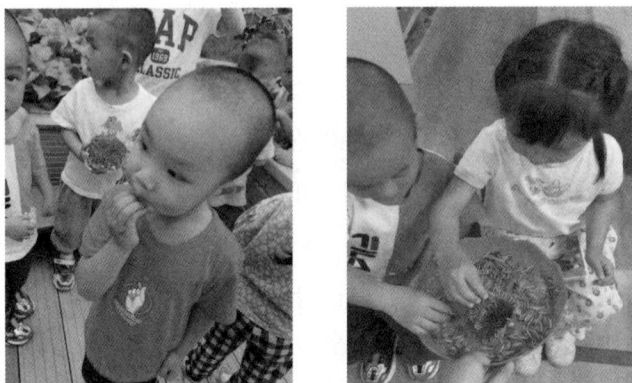

图 1-3　孩子们品尝瓜子

可以说，孩子们亲自摘下小瓜子的那一刻，内心的分离焦虑得到了治愈；家长们拿到孩子们的小礼物，内心的担忧才得以排解，而这一切都源于大自然的馈赠，幼儿园的自然景物转移了孩子甚至家长的难过情绪。我们开"小火车"游走在幼儿园各个角落时，我会跟孩子们说："如果心情不好，我们就来看一看大自然中的花草植物和果实吧，它们会让我们的心情变好。"我相信这句话会在孩子们心里埋下"种子"。

（二）亲密接触向日葵

有了和向日葵互动的经验，我开始借助更多身边常见的自然物与孩子们进行互动，并且允许孩子们有比较大胆的行为。我发现，在孩子们亲密接触大自然的过程中，会有蔬菜味道出现、会有蔬菜汁水迸出，这都是能够刺激孩子嗅觉、味觉、视觉等的良好契机。

于是，我从孩子们可能不爱吃的青菜入手，让孩子撕一撕青椒、掰一掰大蒜、揪一揪芹菜叶，甚至还把香菜、葱头等带有刺激性气味的蔬菜投放在"娃娃家"，让孩子"炒一炒"（见图 1-4）。

图 1-4　孩子们在接触青菜

在撕、掰、揪、扯的过程中，孩子的小手肌肉力量得到锻炼，指尖灵活性、协调性得以提高。这正是为孩子进入小学握笔书写做准备。我把这样的理念传递给家长，得到家长的认可与支持，家长们纷纷把家中可供孩子操作的蔬菜带到娃娃家中。

二、保持好心情的小蔬菜

大自然治愈了孩子的情绪，生活中常见的自然物增加了孩子小手的灵活度，那么怎样通过味道激发孩子进一步的探索，运用孩子已经熟悉的味道让他们玩起来呢？

（一）闻一闻有味道的蔬菜

运用孩子们已有的经验及常见物品创设一些可以游戏的材料是我思考的重点。孩子每天使用的湿纸巾盖子成为我的首选材料。孩子们把香菜、芹菜、青椒、大蒜、洋葱这几样有刺激性味道的蔬菜榨汁后浸泡湿纸巾，让湿纸巾保留蔬菜汁的味道，然后隐藏在湿纸巾盖子中（见图 1-5）。

图 1-5　嗅闻游戏

卡通小鸭子造型的盖子吸引了孩子们的注意力，激发了孩子想要打开的愿望，同时，掀开盖子的过程也是锻炼孩子小手指力量的过程。孩子们掀开闻一闻，猜一猜这个味道是什么蔬菜的。他们玩得不亦乐乎，因为有了气味的刺激和卡通造型，孩子们打开的愿望就特别强烈，就算掀开盖子的过程不是那么顺利，也没有放弃的念头，大家都要动手去试一试，探个究竟。就这样，孩子们好奇好问的意愿被大大激发了。

（二）一起和泥种蔬菜

除了运用孩子感兴趣的材料，还要思考小班孩子到底对什么样的自然物感兴趣。玩土、和泥是孩子最能释放天性的游戏，那就创设条件让孩子动手玩起来。

借助孩子对常见蔬菜外形、味道已有的经验，我们又寻找到几种蔬菜（芹菜、香菜、青椒）的种子，让孩子尝试种一种，给孩子准备了干土和水。

游戏前，我将干湿度合适的土展示给孩子们，让他们自己动手寻找运水材料，尝试把干土变成干湿度合适的土。在此过程中，孩子们的小手充分与泥土互动，水加少了，土还是松松散散的，于是慢慢尝试着多加一些水，多的加水孩子发现盆里黏黏糊糊的，粘得满手都是泥巴，但

是孩子们玩得特别开心。就连不太爱说话的孩子都举着小黑手说着自己的感受："我是黑黑手！"（见图1-6）

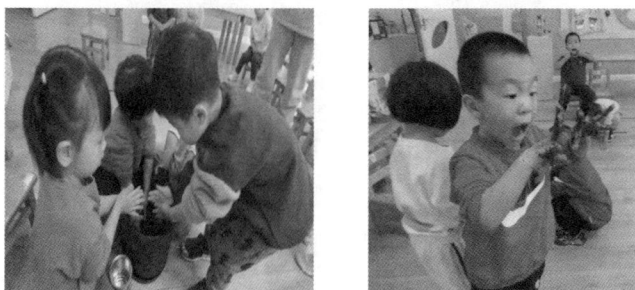

图1-6　泥土游戏

在孩子们的欢笑声中我感悟到，大自然给予孩子最简单的快乐，让孩子在自然物——泥土中游戏，孩子会更加乐于表达自己的感受。老师只要善于发现大自然、敢于运用大自然，小班的孩子也可以把幼小衔接所需各项准备融入其中。

（三）哗啦啦的小豆子

有了孩子充分动手的经验，我开始把材料从大片的蔬菜改成颗粒状的豆子，因为越小的颗粒状物体，越能够锻炼孩子精细动作的发展。在捏、拿、攥的过程中，孩子的专注力会得到提高，小手的肌肉灵活度和力量的精准性才会更好地得到锻炼。

大大小小的豆子是最好的天然材料，我们开始玩炒豆豆游戏。

开始，我每人发了一小袋豆子，请孩子把豆子倒入小盆中，听一听声音。哗啦啦的声音和跳动的豆子一下吸引了孩子的兴趣。我请孩子们自由寻找班中的材料玩炒豆豆游戏，他们找到娃娃家的小盆、小碗、小勺、奶瓶、盒子、奶粉桶等。一粒粒豆子在孩子的想象中变成了奶粉、糖果、米饭。孩子的材料从大勺变成小勺：因为要把豆豆放到奶瓶中，孩子们就开始找更小的勺子盛豆豆。这需要孩子们更加专注，左右手更加协调地配合才能成功（见图 1-7）。

图 1-7　炒豆豆游戏

最让我震惊的是有几个孩子还运用管道材料装豆豆，因为从管道里让豆豆滑下去时，豆豆不会撒出来。豆豆滑落下来还会听到哗啦啦的声音，这个声音让孩子有了持续的探究兴趣。大家还改变了管道的形状，这样豆豆在管道里的声音就会发生变化（见图 1-8）。

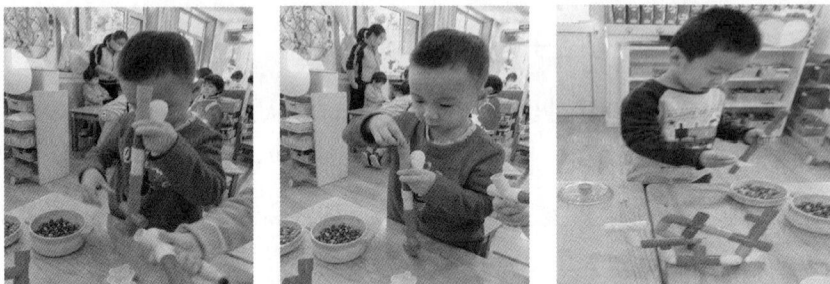

图 1-8　豆豆滑动声音探究

我惊叹于一颗小小的豆豆，只要给足了孩子游戏探索的空间，支持孩子专注探究，孩子的发现就会无穷无尽。我想这就是大自然给予孩子最好的礼物。一个豆豆游戏为孩子在幼小衔接方面，尤其是专注观察方面做足了准备。

三、收纳整理小豆豆的初体验

豆豆游戏不仅是打开孩子专注探究大门的钥匙，更是孩子认识收纳工具、接触清洁工具、体验清洁工具带给我们便利的契机。

因为在玩豆豆的过程中很多豆豆散落到地上，孩子最开始想到的办法就是一颗一颗地捡起来。当看到班里老师用小笤帚扫的时候，孩子们的模仿学习开始了，几个小家伙也去娃娃家找到笤帚、簸箕、小号布拖把清洁地面（见图1-9）。

图1-9　孩子们清洁地面

从那天起，娃娃家的小清洁车再也没有被当作婴儿车推来推去了。因为在实际的游戏中孩子们感受到什么是清洁工具，感受到清洁工具带给我们的便利，所以再投入游戏中时，就能够运用自己的游戏经验。我想正是自然物中一颗小小的豆子给予孩子们大大的收获，为孩子们以后生活奠定了基础。

在用自然界中的果实、蔬菜等充分游戏互动的过程中，孩子们越来越自信了，在新的集体中越来越有归属感。因为班级中的很多物品都是他们自己动手制作的，比如：用于种植的土的湿度是自己反复探索成功的、花盆是自己动手装饰的、自然角的纸箱"小火车"是自己用蔬菜拓印的作品。班级中到处都可以看到自己的劳动成果，孩子们在新的集体中就有了成就感、归属感。同时，孩子们在游戏中有了角色意识，娃娃家的冰箱坏了，爸爸动手来修；娃娃家的扫地机坏了，妈妈来修。再也不是用哭或者告诉老师来解决问题了。

我想虽然是小班的孩子，但是只要运用好自然，智慧地挖掘自然物，大胆地给予孩子创设可操作、可探索、可"互动"材料的空间，孩子是可以持续探究、专注讲述，为入学准备奠定坚实基础的。

秋日红果枝头挂，粉红脸蛋笑哈哈

执教教师：王姣姣

秋天来了，幼儿园的小果园硕果累累，苹果树上结满了绿色的小苹果，远远望去，像一个个绿色的小灯笼。

一、初见

户外活动的时候，孩子们惊喜地发现了小果园里绿色的小苹果，兴奋极了，一边跳一边说："小苹果，小苹果！"有的小朋友一边跳着，小手一边做着摘苹果的动作。看到孩子们有了新奇发现，我悄悄地和孩子们说："小苹果还没有长大，还是苹果宝宝，你们可以走到小苹果的身边，轻轻地摸摸它，和它说一句悄悄话。"听到这里，孩子们一下子安静了，轻轻地走到苹果树下，伸出小手轻轻地摸着小苹果。可可小声地说："小苹果，你什么时候能长成大苹果呀？"贝贝说："小苹果，你真可爱，我好爱你哟！"牛牛说："小苹果，你是甜的吗？"孩子们你一言我一语都在表达着对小苹果的喜爱。那一刻，孩子们的眼里都是这些小小的苹果，一会摸摸这个苹果，一会闻闻那个苹果，一会和这个苹果说说话，一会和那个苹果说说话。小小的苹果把孩子们带到了一个新奇的世界。

1. 秋日苹果枝头挂

自从发现了小小的苹果，孩子们每天都盼望小苹果快快长大，每天

都要去苹果树下看一看，"老师，苹果为什么是绿色的呢？我家的苹果都是大大的，红红的。"（见图 1-10）

图 1-10　孩子们期待苹果成熟

美琪说："小苹果还没有长大，长大了就变成红的了。"看着孩子们那一双双渴望的大眼睛，我说："有什么办法能让小苹果快点长大呢？"慧慧说："可以给它浇水。"句点说："还要给它捉虫子。"凌凌说："要让它多晒太阳。"丁丁说："小苹果还要吃很多有营养的东西才能长得更大，长得更好！"我疑惑地问："苹果树吃什么有营养的东西呢？"孩子们你看看我，我看看你。萱萱自信地仰着小脑袋说："妈妈告诉我，得给树施肥，小树才能长高！"我说："小朋友们说得真好，我们植物角的营养土就是大人们配制好的，里面含有苹果所需的多种营养。从今天开始就让我们一起照顾小苹果吧。"以后的一段时间，孩子们经常会提着小水桶，给小果树浇浇水，捡捡地上的杂草树枝，并把班里植物角的营养土拿来，给苹果树施肥。就这样，孩子们一天天地观察着小果树的变化，期待着小苹果快快长大（见图 1-11）。

图 1-11　孩子们照顾苹果树

对于小班孩子来说，新奇的事物会让他们产生浓厚的兴趣。幼儿园的自然环境为孩子们提供了一片可以探索的天地，小小的苹果，吸引着孩子们的视线，获得了他们强烈的关注。

2. 作诗真有趣

孩子们围坐在苹果树下，看着满树的苹果，我问："如果我们摘了好多好多的苹果，要做什么呢？"嘟嘟说："如果我有很多很多的苹果，我要把它们都大口吃掉！"我问："吃不完怎么办啊？"悦悦说："吃不完，我就接着吃，不吃饭了，也不睡觉了，不玩玩具也不洗澡了！我要一直吃苹果！"欣欣说："如果那样，肚子会吃得像气球一样大，然后飘到天上去，'嘭'的一下，爆炸了！哈哈哈。"小朋友们都开心地笑了起来。欣欣接着说："然后苹果都掉落在地上，被小虫子吃光了！"就这样，一段段关于苹果的对话，被记录了下来。利用录音书，我们把孩子们的口头诗歌整理成册，一本小朋友的诗集诞生了（见图1-12）。

图1-12　小朋友的诗集

儿童诗一：

我摘了好多好多苹果，我要把它们大口吃掉

吃不完，我就接着吃

也不吃饭了，也不睡觉了，也不玩玩具了，也不洗澡了，我要一直吃苹果

肚子吃得像气球一样大，然后飘到天上

"嘭"的一声，爆炸了

儿童诗二：

苹果长大了，掉到地上

小虫子闻到了苹果的香味，好想吃呀

它爬呀爬呀，爬到了苹果上

张开大嘴，啊呜吃了一口，好甜的苹果

大大的苹果被小虫子吃光了

两首充满童趣的儿童诗跃然纸上，我们把孩子们的对话变成了诗，图文并茂地展现出来。想象力能够为幼儿的成长插上一对翅膀，让他们更加自信、充满力量。老师鼓励幼儿大胆想象，肯定并认可他们的天马行空。孩子们就像天生的诗人，用独特的视角看待这个世界。

3. 小小心愿我表达

随着孩子们对苹果的兴趣逐渐浓厚，我们在班级中也开展了一系列有关苹果的游戏。孩子们现在能大声地朗读与苹果有关的儿歌，也能用不同方式制作"苹果"：团纸装饰"苹果"、手指点画、苹果拓印、泥塑捏"苹果"等等。班上到处都是苹果的影子（见图1-13）。

图1-13 "苹果"趣味游戏

一天早上，佑佑从家里带来了一张心愿卡，上面画着一棵大大的苹果树，树的旁边写着：我希望苹果快快长大！佑佑说："这是我和妈妈一起画的苹果树，我希望苹果快快长大。"丁丁也凑过来说："我把我最喜欢的小汽车贴纸送给小苹果。"孩子们都不停地表达自己对小苹果的心愿，于是我们决定为苹果树制作心愿卡。孩子们的心愿很多：有的希望苹果快快长大，有的希望苹果甜甜的，有的希望苹果不要被虫子吃掉，还有的希望早点吃上幼儿园果树上的苹果。心愿卡完成了，孩子们带着心愿卡奔向苹果树，把小小心愿卡挂到了苹果树枝上（见图1-14）。

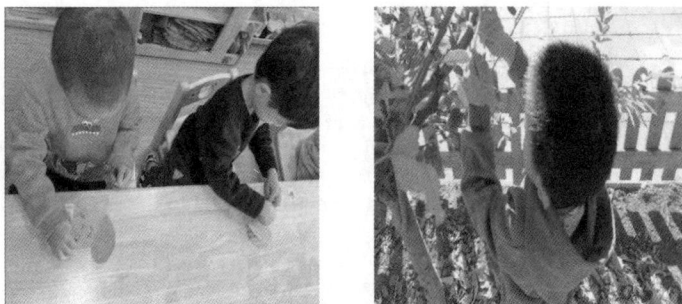

图1-14 制作心愿卡

当自然被幼儿赋予美好的感情时，一切都变得更加有生命力了，幼儿的表达变得更加积极。在自然之中，孩子们能感受到人与人之间的关系是友好的、和谐的。就这样，苹果树上寄托的孩子们的爱心与温暖在幼儿园里传递着。

二、结识

经过了漫长的等待，小小的绿色苹果慢慢变红了，变大了，红红的苹果挂满了枝头，孩子们提着小篮子摘苹果去喽！雯雯说："我要摘最大的！"贝贝说："我也要摘最大的！"孩子们围着苹果树，挑选自己认为最大的苹果。丁丁围着苹果树左看看右看看，终于有了目标。他踮起脚尖，手握住大大的苹果，使劲往下拽。苹果枝晃动了一下，苹果却没有掉下来，他又使劲地扭动了几下苹果，苹果掉落了下来。他把苹果放进小篮子里，兴奋地跑到我面前，把篮子举得高高的让我看。点点也发现了目标，他握住苹果，转动手腕，苹果被拧了下来。小朋友们一会儿就摘了好多的苹果，他们把苹果放在草坪上堆成一堆，然后，坐在草坪上将苹果排成了一列列"小火车"。丁丁说道："我的苹果最大，应该当'火车头'！小的苹果放在后面！"孩子们拿着苹果开心地摆弄着，争着比着谁摘的苹果更大（见图1-15）。

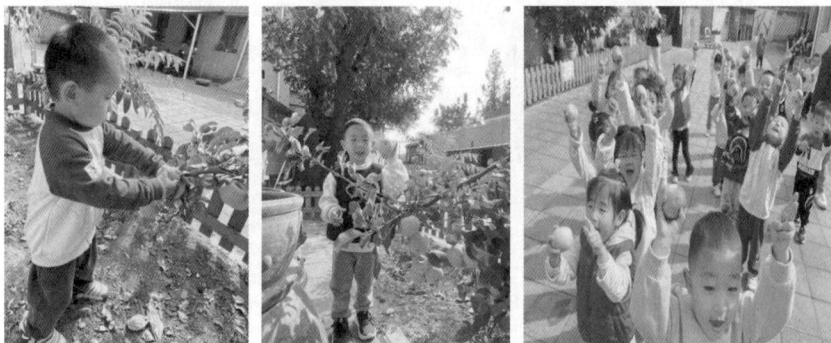

图 1-15　摘苹果

在采摘苹果的过程中，孩子们体验着劳动带来的乐趣，知道了大小、多少的概念，在自然游戏中受到了多领域的教育。

1. 采摘苹果方法多

枝头上的几颗苹果让小朋友们着了急。他们跳着，伸着手也还是够不到。"这可怎么办呢？"孩子们你看看我，我看看你。涛涛走到墙根去，找到一个大箱子，招呼小朋友们一起抬过来。他站在大箱子上试了试，不行，还是够不到！贝贝说："老师你抱着我就能摘到了。"于是我使劲抱起了贝贝，但还够不到树尖上的苹果，于是我们决定再想想办法。

寻寻站在酸奶盒上，两只脚还没都站上去，酸奶盒就坏了，太软了不行。诺诺把积木摆在地上站了上去，太矮了，离苹果还差很多。几个孩子试着把积木摞起来，摞得高高的。花花说："这么高，我迈不上去啊！"涛涛把大箱子推了过去，踩着这个当台阶，花花顺利地迈了上去，伸出手，离苹果只差一点点。寻寻看着积木和栅栏的缝隙说："离得太远了。""我们推近一点。"几个孩子一起调整了积木的位置，花花再次上去，终于成功地摘下了枝头的苹果（见图1-16）。

图1-16　动脑筋摘苹果

当孩子们遇到问题的时候，能够积极主动地借助工具，一步步寻找解决问题的方法。通过摘苹果的活动，孩子们的自主能力得到了发展。

2. 红红苹果好味道

"苹果可以怎么吃呢？"我给孩子们提出了一个问题，"苹果可以煮苹果水，幼儿园的苹果水特别好喝！"然然说："可以做苹果派。"嘟嘟说："苹果可以榨苹果汁，我喝过苹果汁。"寻寻说："我们把苹果放在冰激凌里变成苹果冰激凌吧！"关于苹果可以怎么吃，孩子们说出了好多想法，于是我给孩子们留了一个小任务，晚上回家可以和爸爸妈妈一起制作一种苹果美食。孩子们把自己摘的苹果带回家，利用周末和爸爸妈妈一起制作苹果美食，并在班级群中进行分享（见图1-17）。

图 1-17　制作苹果美食

幼儿愿意充分运用自己的感官，通过触摸、看、听、嗅、品尝等多种方式来感受食物的神奇变化，他们不仅了解了苹果的生长特点，而且还尝试不同的加工方法，体验将食材转化为食物的乐趣。

3. 粉红脸蛋笑哈哈

苹果给孩子们带来了无限的想象，在区域活动中，我们和孩子们一起制作了苹果形踩高跷、苹果娃娃、苹果笑脸、苹果车、苹果托盘等，一个个红红圆圆的苹果在小朋友的手中变成了多种不同的原创艺术品（见图 1-18）。

"老师，还有这么多的苹果呢！"

"这么多的苹果，我们怎么办呢？"

"我们可以分享啊！分享给幼儿园其他的老师和小朋友吧！"

于是，小朋友们拿着大苹果和自己制作的苹果艺术品，纷纷走出了教室。他们把苹果分享给保安叔叔、大厨叔叔、保洁阿姨、李医生，还给了园长妈妈。小小的苹果传递出小三班小朋友甜甜的爱。

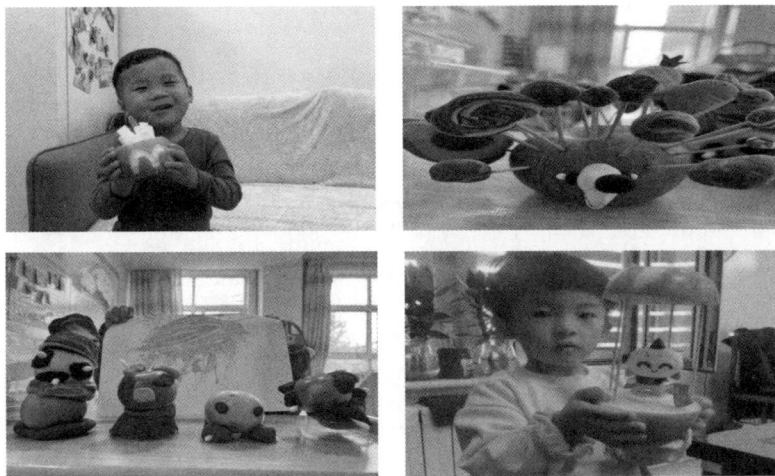

图 1-18　手工苹果工艺品

杜威说："儿童的世界是一个具有他们个人兴趣的人的世界，而不是一个事实和规律的世界。"和幼儿园小朋友们一起成长的苹果树，被赋予了更深刻的意义。我们用心倾听、创造机会、充分支持，并适当给予帮助。幼儿在与自然环境的互动中，主动思考、大胆表达、积极创造。通过和苹果亲密接触，孩子们体验到自然神奇的力量，也激发了他们对大自然的热爱之情。

沙子大作战

执教教师：张雪

一沙一天地，一水一世界。肆意玩沙是孩子们的天性，孩子们喜欢在沙水区拍拍、挖挖、堆堆、垒垒……铲沙、堆沙的过程是他们创作的过程，自由而无拘束，满足了孩子们亲近自然的愿望。幼儿园的沙坑就是孩子们最喜欢的地方之一。

活动一：扣包包

熙熙："我要扣一个大包子。"他拿来一个小碗，里面装满了沙子，还不停地用小手按一按，直到把小碗塞得满满的，然后猛地把小碗倒扣过来，沙堆上出现了一个半圆的大包子，非常可爱。

旁边的萱萱看到了，也要来试一试，学着熙熙的样子，要扣一个大包包。她也把小碗里装满了沙子，然后用小手按了按，猛地一翻，结果还没有等到小包包扣到地上，沙子就洒了出来，第一次的尝试失败了。于是她接着又尝试了两次，都以失败告终。熙熙看到了说："你要快一点翻过来，赶紧扣到地上。"一边说还一边给萱萱做演示。萱萱照着熙熙的办法，猛地翻过来赶紧扣到地上，果真扣出了一个小包包，萱萱高兴得直拍手。

随后，他们又找来不同大小形状的容器继续玩扣包包的游戏，很快沙坑里堆满了一个一个半圆形、方形的小包包。

活动分析

孩子们已经有了互相观察、互相学习的意识和能力，但还不能够做到细致观察，找到问题的关键。熙熙在这个过程中起到了关键作用，他不仅能够自己扣出包包，还能够说出扣包包的关键动作要领。

活动二：沙坑里的小可爱

这段时间，孩子们热衷扣包包。孩子们扣完了包包，我问："你们看看这些小沙包，像什么？"

乐乐说："这个添上一对耳朵，就像一个小猫咪的头。"

贝贝说："添上一对长长的耳朵，就像小兔子。"

森森说："还可以变成太阳。"

莹莹说："这些小包包用树枝连起来就像一个城墙。"

小珞说："扣几个半圆形的包包，可以变成毛毛虫。"

孩子们对着这些扣出来的小沙包开始了天马行空的想象。于是，我们决定在美工区制作一些半成品，来装饰这些小沙包。

活动分析

孩子们在玩沙中发挥自己的创造力、想象力，利用沙塑和半成品把自己的想象变成现实，老师是孩子们游戏过程中最大的支持者和合作者。

活动三：挖地道

"老师，今天还可以去玩沙子吗？"乐乐问。我点点头，乐乐高兴地跟旁边的欣欣说："太好了，今天还可以去玩沙子，我打算挖一个'地道'。"

欣欣说："什么是地道？"

乐乐说："就像地铁一样，在地里面的洞。"

涵涵说："我在海边跟我姐姐挖过'地道'，就是一个洞。"

来到沙坑，乐乐找来了一把小铲子和一个小桶，他跟涵涵说："涵涵，咱们两个一起挖'地道'吧。"涵涵也拿着小桶和小铲子，蹲到乐乐身边跟他一起挖。

两个人一起挖了一个坑，乐乐说："我觉得不对啊！地道得有一边能进，有一边能出，咱们这个不像地道。"

涵涵说："我记得我姐姐挖时就是能从一边进一边出。"

涵涵对我说："老师，我们想挖'地道'，怎么挖不出来啊？"

我问："你觉得地道是什么样子的？"涵涵一边用手比画，一边表达自己的想法。

我点点头，说："你说得很清楚，我大概知道你说的地道是什么样子了。那你觉得怎么挖好呢？你还记得姐姐是怎么挖的吗？"

涵涵摇摇头，乐乐说："就是这样从一边挖一个洞，另一边再挖一个洞，然后中间就是地道了。"

按照乐乐的说法，他们开始挖洞，但是沙子一直往下掉，中间没有办法形成洞。乐乐说："铲子太大了，沙子往下掉，咱们用小棍挖。"乐乐用小棍捅几下，然后用手把捅下来的沙子抓到一边，可沙子还是往下掉。这时，乐乐说："等一下，我有办法了！"乐乐找来竹节玩具，把它扣在刚才挖的"地道"里，然后又往上盖了一点沙子，就这样形成了"地道"。

我惊讶地问："乐乐，你是怎么想出这个办法的？"乐乐说："海洋馆里有个地道，玻璃的，就是这样的，人能从水下面走。"

活动分析

孩子们有一些挖沙经验，也能够比较清楚地说出自己的想法。但"挖地道"对孩子来说有一定的难度。他们在以往"挖地道"时，都是跟随比自己年长的人一起挖，并没有想到海边沙子与沙坑里沙子的不同。但是在尝试的过程中，孩子们没有放弃，而是不断地想办法克服困难，最终他们利用工具和自己的经验实现了本次游戏的目标。

活动四：沙滩寻宝

晨晨惊奇地说："咦，这里怎么有个小企鹅玩具？"

乐乐说："从哪里挖出来的？"

晨晨说："就是从这里挖的，不知道是谁放在这里的。"

瑞瑞说："哇！有'宝藏'，我也要挖'宝藏'。"

说完，几个孩子蹲在沙坑里开始挖，他们这儿挖一下，那儿挖一下，半天没有"收获"。

瑞瑞说："是不是'宝藏'都被别人挖没了？"

晨晨说："可能是！我挖了几个地方都没有。"

乐乐说："那我把这个小企鹅玩具再埋起来，你们来找。"

晨晨说："要不咱们多埋几个吧！有好多好多'宝藏'。咱们再一起找。"

在回班找"宝贝"的路上，晨晨说："我在动画片里看过，好多宝贝都是藏在特别不好找的地方。"瑞瑞说："对！他们还有'藏宝图'呢！"晨晨说："要不咱们也画'藏宝图'吧！"

到了班里，晨晨说："老师，你等我们一下，我们画张'藏宝图'。"我耐心地期待着他们的作品。晨晨找来笔和纸交给瑞瑞，说："你来画。"瑞瑞说："我不会画啊，你画。"晨晨摇摇头说："我也不会画。"说完，两个小朋友回头看向我，我说："明白了，需要我帮忙，对吗？咱们一起画。"我找了一张藏宝图图片，模仿上面的样子，一边画一边讲藏宝图的意思。

画完后，我们拿着"藏宝图"和"宝贝"来到沙坑。晨晨很快开始挖坑，制造藏宝地点，但是位置跟"藏宝图"毫无关系。

瑞瑞说："你藏好了吗？我要找了。"瑞瑞拿着"藏宝图"说，第一个应该在边上，说完开始挖，结果没有挖到。瑞瑞说："没有啊！小红旗的旁边也应该有。"瑞瑞继续挖。

这时，站在一边的晨晨说："呀！不对，我重新藏。"晨晨又很快地找出了自己藏的"宝贝"。

天天、乐乐和其他几个孩子看到后也想参与游戏。

瑞瑞拉着晨晨说："你们不许看，我们来藏，我们藏完了，再让你们找。"这次瑞瑞和晨晨一起按照"藏宝图"的方位藏"宝贝"。藏好后还告诉其他小朋友，可以按照"藏宝图"画的地方找，看不懂"藏宝图"的，瑞瑞还会耐心讲解。

一会儿工夫，乐乐举着两件"宝贝"说："看，我找的'宝藏'！"

就这样，孩子们的"沙坑寻宝"游戏在他们的讨论中诞生了。

活动分析

很多有趣的游戏是在孩子们的日常活动中随机产生的。在孩子们对某一件事情感兴趣的时候，他们也会积极地思考。就像这次游戏诞生和游戏规则的制定一样，他们能发现问题、积极思考，将自己已有的经验运用到新的游戏中，最终使游戏更加合理有趣。

在这个游戏中，孩子们初步了解了藏宝图的绘制方法，了解了藏宝图的意义，知道了可以按照方位、标志物去寻找物品，同时增强了对方位的辨识能力。

小豆子成长记

执教教师：胡瑞

我们班的晨间阅读活动一直在持续开展，孩子们的阅读兴趣也很浓厚，不论是自由阅读，还是集体分享，他们都很喜欢。这天，在自由阅读的时候，我看到明明和小意拿着一本书名叫《妈妈，买绿豆》的绘本故事看得津津有味，还吸引了旁边的轻舟。于是，集体阅读分享的时候，我分享了这本书。故事结束，孩子们关于这本书想说的可太多了。

依可说："那个不是豆芽吗？"

轻舟说："那不是豆芽，豆芽是黄色的。"

依可说："黄色的是不是黄豆种出来的呀？"

橙子说："也有豆芽是绿色的，我妈给我吃过。"

依可皱着眉："老师，她说黄豆芽是黄色，绿豆芽是绿色，对吗？"

面对这个问题，我没有直接告诉他们对或不对，《幼儿园教育指导纲要》中指出，幼儿应爱护动植物，关心周围环境，亲近大自然，珍惜自然资源，有初步环保意识。《幼儿园入学准备教育指导要点》中也提到，要保护幼儿的好奇心和主动性。接纳、鼓励幼儿对新事物的观察、提问等探究行为，把幼儿充满浓厚兴趣的问题作为集体讨论的话题，鼓励幼儿分享自己的发现和观点，支持他们进一步的探究和行动。为了让孩子们自己寻找到问题的答案，发现各种豆子究竟会长出什么样的芽，一次由绘本故事引出的自然活动开始了。

活动一：各种各样的豆子

接着孩子们的问题，我们开展了一次简单的集体讨论活动。

我："我也不清楚这个问题，我没有种过豆芽，不知道豆芽是什么豆子种出来的。"

橙子："那我明天把我家的豆子给你带过来。"

我："好的，我可以和你一起种。"

依可："老师，我也想种，我也能带豆子。"

我："好的，没问题，想在幼儿园种豆子的小朋友，明天都可以带来一些豆子，最好种类多一点，我们能多种一些，看一看你们的豆芽到底是什么豆子种出来的。"

第二天，孩子们纷纷带来了自家豆子，很开心地跟同伴介绍："我带了黄豆和红豆。""老师你吃过鹰嘴豆吗？就是沙拉里的那种。""我这是花生豆，红色的。"我和孩子们利用午饭前时间一起认识了各种豆子的名称、颜色、大小等，我们一起将它们分类装进了透明塑封袋，固定到植物角的墙上，供孩子们观察、触摸，以了解豆子的多样性（见图1-19）。在这个过程中，孩子们通过视觉和触觉对各种豆子的特点有了感知。我还发现他们大多数能认真倾听同伴说话，大部分孩子敢于说出自己的想法。另外，在触摸的过程中，手部精细动作也得到了发展。

图1-19　豆子分类

活动二：种豆子

和小豆子们认识之后，我们准备种豆子。这么多种豆子，我们选哪一种呢？通过和孩子们日常聊天，我发现呼声最高的是红豆、绿豆和黄豆。于是，我制作了种植表，请孩子们根据自己的意愿选择想要种的豆子，将自己的一寸照片贴在豆子图片下面，充分尊重孩子们的种植意愿。这样既可以加深他们对常见豆子的认识，又可以帮助他们记住自己种的是什么豆子。

选择完毕就是种植了，通过视频和 PPT 课件先让小朋友们了解如何种豆子，再利用每天的课间环节分组种植。为确保发芽率，每人种三颗豆子。小朋友们用小铲子把土翻松，再放上三颗豆，盖上一层土，最后浇点水，小豆子就在小盒子里安家了（见图 1-20）。

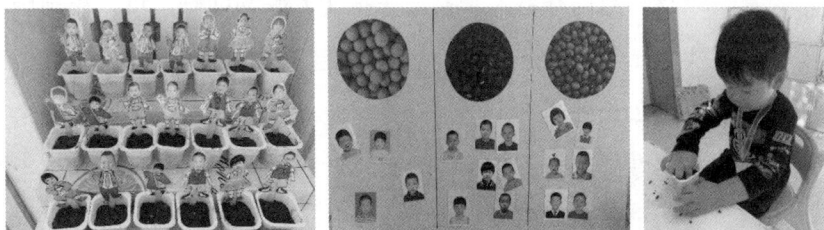

图 1-20　豆子种植活动

活动三：照顾豆子

过了两天，橙子突然问我："老师，我的绿豆怎么还没有长大？"我说："你想想我们小朋友怎么样才能长大，小豆子和小朋友一样。"橙子犹豫了一下："小朋友要吃饭才能长大。"我问："那小豆子吃什么呢？"带着这个问题，我们和小朋友商量好回家查一查怎么能让小豆子快快长大，豆子长大都需要什么。第二天，我们在早饭后将各自的答案汇总到一起，发现植物生长需要阳光、水、空气和合适的温度。于是，小朋友们纷纷拿起自己的小杯子，接水给小豆子浇水，还带着小豆子到阳台晒

图 1-21　照料小豆子

太阳，期待小豆子快快发芽（见图 1-21）。

过了一个周末，再次回到幼儿园的时候，孩子们有了一些惊奇的发现。

依可："你看，我的小豆子发芽了！"

小意："我这个黄豆长了两个芽呢！"

明明："你的是什么豆啊？我的怎么还没发芽呢？"

晓希："我的绿豆好像快长出来了，你看土里是不是有小芽？土干了，我浇水去。"

就这样，这一周，孩子们对于豆子的照顾格外精细，浇水、晒太阳，每天都不忘记。在这一阶段的活动中，孩子们积累了查找资料的经验，在日后生活中，碰到问题，也会想到用多种途径查找资料来解决问题。

活动四：怎么长毛了？

随着小豆子慢慢成长，孩子们发现有些小豆子已经长出有一根手指长的小苗，有的小豆子长出的小苗正在拱土，但是凯文的小豆子不仅没长出小苗，反而长了白毛，这让他们有了很多猜测。

轻舟："你的豆子是不是浇水浇多了，淹死了？"

橙子："也可能是太干了吧。"

安琪："这可能是一颗坏豆子，你换一颗吧。"

就这样，我帮凯文把长毛的豆子挖出来，他重新精挑细选，选择了一颗黄豆种下，这次我们拭目以待吧！有了凯文的前车之鉴，我发现孩子们在浇水的时候更加小心翼翼，以前是接满一杯的水，直接全部倒进去，现在是倒一点，等水都渗进去，再倒一点，一点一点尝试着浇水，他们怕因为自己的小小失误让豆子长毛，这一过程丰富了孩子们的经验。

活动五：小豆芽长什么样？

种豆活动到现在，孩子们的豆子已经全部长出了苗，有的高有的矮。一天，区域游戏活动时，一场由孩子们发起的谈话又开始了。

橙子："我的绿豆长出了两片叶子，你们看。"

轻舟："你这个叶子怎么和我的长得不一样啊？你种的是什么啊？"

橙子："是绿豆。"

轻舟："我的是红豆，我的叶子是圆形的，你的是长长的。"

依可："小意种的也是红豆，和你的叶子一样。"

小意："不是，我的是黄豆。"

依可："那怎么和杜轻舟的叶子一样啊？"

君君："你看那个颜色深，这个是浅绿色的。"

孩子们由此得出结论：绿豆苗的叶子是细细长长的，红豆苗的叶子是圆形深绿色的，黄豆苗的叶子是圆形浅绿色的。这下，不用看种植表，也能知道大家种的都是什么豆子了（见图1-22）。

红豆苗　　　黄豆苗　　　绿豆苗

图1-22　探讨豆芽种类

种植活动到今天还没有结束，回到最初那个问题：是不是黄豆长出黄豆芽，绿豆长出绿豆芽？到现在为止还没得到答案，我们种出来的豆苗不是平时吃的那种豆芽，也没有黄色的，之后我们还会继续探索这些问题。

在这次的活动中，我从孩子们的兴趣点出发，让生活中不起眼的小豆子成为他们的研究对象，随着他们的各种发现逐渐推进活动。在设置植物角的时候，我们将搜集来的豆子、种植表等都展示在低矮的墙上，将种植的豆子放在小方桌上，方便孩子们观察照顾，同时提供铲子、水壶、酸奶盒、幼儿照片牌等材料满足他们的需求，让每个孩子都有机会参与其中，增强体验感。他们学会了倾听他人的意见，能初步理解简单表格的作用，会用简单工具和材料照顾豆子，拥有了探索的精神和对比的经验，感受到豆子逐渐长大的过程。相信经过这次活动，孩子们会对身边的植物更加关心爱护，更加关心周围环境，乐于亲近大自然。

爱的使者

——玉兰花

执教教师：刘平

一、活动背景

大自然是人类最好的老师，四季交替中孕育着万物生灵，它汇聚了生命的律动与成长的真谛。春天到了，幼儿园里充满了春天的气息，各种花儿陆续绽放。孩子们对幼儿园的玉兰花树充满了好奇，在数一数、玩一玩、撒一撒、想一想的活动中，感知了玉兰花的特征，在花朵的怀抱中感受春天的美好。

二、活动过程

1. 数一数，白玉兰花开了几朵

"刘老师看，花开了！"豆豆兴奋地用小手指着树上的白玉兰花大声地说。我抬头一看："哇，真开了好几朵，上周还都是花骨朵呢！""豆豆观察得真仔细。你知道这花的名字吗？"他摇了摇头。身边的丁丁说："刘老师，我知道，这是玉兰花。"我竖起大拇指说："真棒，你是怎么知道的？""奶奶告诉我的，我家门口也有这样的花。"（见图 1-23）

图 1-23　玉兰花开

"玉兰花是什么颜色？"点点高举着手臂大声地说："白色、白色。""这树上开了几朵玉兰花？"几个小可爱仰着小脑袋，用胖嘟嘟的小手指着树上的花，"1、2、3、4，刚开出 4 朵，还有好多花骨朵呢。"

活动分析

孩子们的好奇心强，周边环境的变化对孩子们来说，是最具有吸引力的。豆豆发现玉兰花开了，说明他善于观察，还能带动周边同伴进行观察，在与老师和同伴的交流中，知道花的名字，还数出开了几朵花，探索玉兰花的兴趣慢慢被培养出来。

2. 玩一玩，香软好吃的玉兰花

当再次来到玉兰树边游戏时，孩子们发现玉兰树的枝头开满了花，地面上飘落了许多花瓣，孩子们好奇地跑过去捡拾。小欢喜学着老师的样子闻了闻花瓣，我问："香不香？"小欢喜说："好香呀。""它是什么形状？"小欢喜歪着脑袋说："长长的，像小船。""是有点像小船，这是椭圆形。"小欢喜听后看着我，点点头说了一句："我知道了，谢谢刘老师。"

小欢喜接着说："花瓣软软的，可以吃吗？"张老师说："玉兰花炒鸡蛋可好吃啦！"孩子们听后睁大眼睛，吃惊地相互看了看："还能吃？""是呀，把新鲜的玉兰花洗干净切成丝，然后和鸡蛋一起炒，美味极了！"说得大家都要流口水了。

点点说："这棵树怎么开粉红色的玉兰花呢？"琪琪说："这是树妈妈。""开白色玉兰花的呢？""是树爸爸。""那孩子呢？"琪琪指了指地上的花瓣笑着说："这是它的孩子。"

活动分析

孩子们捡起地上的花瓣，近距离地感知花的味道、形状，并为玉兰花赋予了生命，充满了童趣。幼儿感知、想象能力自然而然得到提升。

3.撒一撒，飞舞的玉兰花雨

蹲在地上的康康把花瓣从小到大排了一排，"刘老师，这是梯子，可以爬树。""你这梯子好高呀，有多少个台阶？"他开始数了起来。

多宝却把花瓣堆放在一起，说是小花的家。乐乐捡了几片花瓣往天空中一扔，飘落在小朋友的身上，乐得他哈哈大笑。我说："天上怎么下起花瓣雨了？"孩子们一听更开心了，都跟着往天上扔玉兰花瓣。"看谁的花瓣飞得高！"我刚说完，孩子们扔得更用力了，有的小朋友还跳着往空中扔花瓣，高兴时还手拉手把大树围起来（见图1-24）。

图1-24 玉兰花瓣雨

活动分析

孩子们用花瓣排成天梯，把花瓣抛撒向天空，与花瓣一起飞舞，自由自在感受玉兰花在空中飞舞，个别孩子还模仿花瓣转圈圈，感知花瓣的美丽和自然的美好，在与自然物的互动中获得快乐。

4. 想一想，玉兰花为什么变黄？

"刘老师，花瓣变黄了，这是为什么呢？"琪琪发现捡回班上的小花瓣都变黄了，还怎么带回家？孩子们都很好奇地看着我，等待着我的回答。我表扬琪琪观察得仔细，告诉孩子们花瓣在树上的时候，可以吸收树的水分、营养，离开树后，就不能吸收树的营养了，花瓣就变黄了。

我接着说："孩子们，你们喜欢什么颜色的花瓣，是枯黄色的还是粉红色的呢？""喜欢粉红色。""你们知道吗？漂亮的花瓣需要营养，小朋友长身体也需要均衡的营养。什么饭菜都爱吃，个子才能长高，身体才强壮有力，小脸蛋就像新鲜的玉兰花瓣一样，非常好看。"听了我的话，森森、佳佳等几名小朋友摇摆着小手说："我什么菜都爱吃。"我向他们竖起了大拇指："真棒！"

为了满足孩子们把玉兰花带回家的小愿望，我们开展了制作玉兰花的活动，有的小朋友用纸黏土制作，有的小朋友用纸粘贴的方式制作玉兰花（见图 1-25）。

图 1-25　手工玉兰花

活动分析

孩子们发现玉兰花瓣变黄的过程，也是他们从表面观察到深入思考的过程。老师对孩子的观察行为给予肯定，同时给予积极回应。老师利用这个教育契机，随机开展了"不挑食""美丽的玉兰花"等游戏活动，不仅培养了幼儿的进餐习惯，还培养了幼儿动手制作的能力。

　　从看花、数花开始，到闻花、识花，再到撒花、用花、探花的整个过程，孩子们不断地观察、感知、比较玉兰花之美，不断提升对自然事物的认知经验水平。玉兰花是传达爱意的使者，它把这高尚、纯洁的爱撒落到每个孩子的身上，浸润到每个孩子的心里。

我和秋天比个"叶"

执教教师：梁瑶

这是孩子们在实验幼儿园度过的第一个秋天，也是最有趣的一个秋天，父母、同伴、老师都参与到游戏中，请跟随我们的活动一起来感受吧！

秋天到了，树叶变黄了，一片片树叶从树上飘落下来，秋叶飘落的动感与幼儿跃动的心灵天然地契合，幼儿园内丰富多样的树叶种类又给幼儿提供了探索、发现、表达的广阔空间。小（四）班的孩子们情绪发育已经基本稳定，飘落的树叶引起了孩子们的兴趣。我们追随幼儿的脚步，正式开始关于"树叶"主题的游戏活动，同幼儿一起进入落叶世界，去探究、去发现、去思索、去想象、去表达、去表现……

一、秋天最美的实验幼儿园

在这个微凉的秋天里，浓绿的树叶开始有了倦意，一片片金黄的枯叶开始静静地落下，在大地母亲的怀抱里沉沉睡去。在户外活动时，总有小朋友捡起地上的落叶向天空中抛撒，然后兴奋地在"树叶雨"中欢呼雀跃；也有小朋友在小路上轻踩落叶，听着满地枯叶窸窸窣窣的声音。树叶似乎成为孩子们亲密的玩伴。

（一）树叶雨

户外活动时间，我们走过长廊，树叶像一只只蝴蝶飘落下来，妍妍说:"树叶飘落下来了!"孩子们都抬头看飘落的小树叶,追逐飘落的树叶。孩子们捡起落叶握在手中左看右看,小棠说:"像下雨一样!"彤彤说:"我们一起下树叶雨吧!"(见图1-26)

图1-26 树叶雨

"哈哈哈……"笑声飘荡在实验幼儿园的上空,更留存在了孩子们的心里……

幼儿在户外活动中,观察到树叶的变化,自发地玩起了关于落叶的游戏,在游戏中感受秋天的美,和同伴一起体验游戏的快乐。《幼儿园教育指导纲要》中指出:"教师要善于发现幼儿感兴趣的事物、游戏和偶发事件中所隐含的教育价值,把握时机,积极引导,灵活施教。"我及时发现幼儿的兴趣和需要,给予幼儿充分的时间观察游戏,并参与到他们的游戏中支持他们的游戏,细致地观察他们对游戏的感知,为接下来的游戏开展奠定了基础。

(二)树叶开始变黄了

幼儿园小果园的山楂、苹果、石榴相继成熟,孩子们一起采摘应季水果并品尝味道。妍妍说:"幼儿园的苹果真甜!"熙熙说:"今天采摘的石榴比前几天的苹果还要甜。"朋朋说:"山楂是酸甜的,梁老师做的糖葫芦真好吃！"

品尝之后，孩子们尤为关注幼儿园树木的变化（见图 1-27）。一天，小棠说："你看这棵树的叶子变黄了。"婉婷说："我们前几天品尝的石榴就是这棵石榴树结的。"小棠说："秋天到了，石榴熟了，叶子黄了。"婉婷和小棠嘻嘻嘻地笑了，其他孩子也都来观察石榴树的变化。孩子们在品尝了水果的美味后更加关注树木的变化。当他们观察到石榴树叶子变黄后，小棠使用简单的排比句式描述出秋天石榴树的变化，层次清晰，使语言表达有了节奏感，增加了孩子们观察的兴趣。

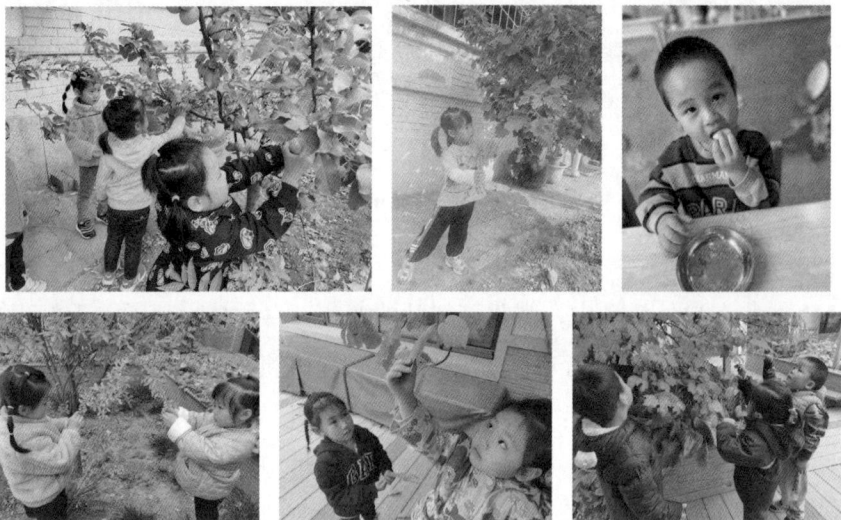

图 1-27　观察石榴树

其他孩子也加入观察树叶变化的队伍中，夕夕说："玉兰叶子没有变黄呀！"宣宣说："我看看上面的叶子。"夕夕说："我也看看。"宣宣说："还是绿色的，你看。"夕夕点了点头。皓鸣说："快看这片树叶的边变黄了。"牛牛说："我看看。"芊伊说："像我衣服的花边一样！"牛牛说："嘻嘻……挺好看的。"

彤彤说："秋天的树叶，有黄色的，也有红色的。"夕夕说："树叶为什么变色了？"彤彤说："我爸爸说天气冷，树叶就变色了。"牛牛说：
"刮风树叶就掉了。"

　　基于孩子的兴趣，观察树叶变化成了他们的关注点和讨论话题，每
个孩子对季节、树叶变化，都有自己的认识与想法，并且有了一定的语
言提升，我尝试用文字和视频的形式记录下孩子们的观察过程，为后期
梳理总结做准备。

（三）新游戏诞生了

　　幼儿自发地通过多种感官感受秋天树叶的变化：观察树叶的形状、
大小、颜色；摸一摸树叶是否扎手；闻一闻树叶的味道，感受树叶和果
实不一样的味道；比一比树叶的大小不同……对秋天树叶的变化有了一
定的认知。在充分的观察感知过后，我们开展了集体讨论活动，观看幼
儿观察树叶和果实的视频、照片。

　　夕夕说："我看到山楂树叶子的边缘是锯齿形的。"彤彤说："我发
现幼儿园有些树叶变黄了，有些树叶变红了。"牛牛说："我和哲哲玩儿
'拔根儿'游戏了。"孩子们纷纷介绍自己的观察收获和游戏。在总结、
梳理、提升的过程中，我们还分享了很多关于树叶的游戏。

　　"拔根儿"是我们小时候的游戏，在孩子们的眼中依然魅力不减，他
们会集中精力地满地找根部更大更粗的树叶，不服输地反复进行游戏，
提升了他们的观察和比较能力；"树叶雨"游戏很简单，很有效地促进孩
子感统发展，大把大把的叶子撒向空中落到身上，多么快乐，这不仅锻
炼了幼儿的肢体运动，还促进了他们的平衡性及感知觉发展；"树叶串串
烧"是孩子们结合生活体验自创的游戏之一，他们用树枝将树叶一片一
片穿起来，制作成美味的树叶"串串香"，在游戏的过程中，进行了大运
动和精细动作，增强了数的概念，他们把树叶想象成"羊肉串""蔬菜串"
"香肠串"等，并很投入地大声叫卖，在这个过程中，他们自然地投入

自己的角色中，开始了角色游戏，尽情地展示对生活的观察和理解，将生活中的经验转化到游戏中，形成很好的互动氛围。《3-6岁儿童学习与发展指南》科学领域中指出，大自然和生活中真实的事物与现象是幼儿科学探究的生动内容，激发探究兴趣、体验探究过程、发展初步的探究能力是幼儿科学学习的核心。幼儿要通过实际操作、亲身体验，去模仿、感知、探究，"做中学"，"玩中学"，"生活中学"，不断积累经验，逐步地构建自己的理解与认知。幼儿运用以往的生活经验，尝试开展相关的游戏活动，我帮助幼儿梳理原有经验并解决问题，制作墙饰，记录在游戏中的感知并积累经验。幼儿将新的经验运用到之后的活动中，提升了自信心，助推他们探索精神的发展（见图1-28）。

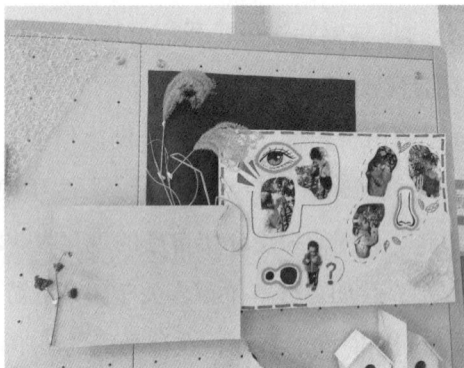

图 1-28　树叶游戏墙饰

二、树叶变形记

（一）自创游戏——收集树叶

孩子们收集了很多自己喜欢的树叶带回班中。妍妍说："我捡的叶子像星星。"牛牛说："我捡的叶子是圆圆的。"夕夕说："我捡的叶子很长，像羽毛一样。"彤彤说:"我的树叶和牛牛的一样。"宣宣说:"我的树叶和夕夕的树叶都是黄色的。"

这些树叶吸引了孩子们的兴趣,每到活动时间,他们都会去观察树叶。牛牛说:"快看我给树叶排队了。"夕夕说:"我把一样的叶子放到一起了。"孩子们自发地创作了各种游戏,我尝试将孩子创造的游戏制作成墙饰,配合他们收集树叶,一起游戏(见图1-29)。

图1-29 不同类别树叶墙饰

各种形状、颜色的落叶,大大激发了幼儿的兴趣。从兴趣到探索,从认知到行动,幼儿在动手操作探索的过程中,观察、发现树叶间的相同特性,按照大小、形状、颜色等特征进行分类;把握树叶间的特征,根据颜色、大小、形状等不同维度进行一一配对;按照从大到小、从小到大的顺序进行排序;通过提示卡尝试用ABABAB的模式对树叶进行排序。每项游戏都是幼儿通过实践自主发现的,小小的落叶让活动真正地"活"了起来。

（二）拓宽思维——欣赏绘本

根据幼儿的兴趣，我选择了集体活动——欣赏绘本《落叶跳舞》。全书文字极少，大多是落叶组成的美丽画面，有丰富的表情、动作。牛牛说："哈哈……这像一个长了胡子的老爷爷。"妍妍说："这个像小乌龟一样。"夕夕说："长翅膀的树叶飞走了，就像小精灵一样。"宣宣说："对，这是秋天的树叶小精灵，真可爱。"

本次活动想象空间大，幼儿用眼睛去看，用耳朵去听，用语言去表达，用心去感受，拓展了幼儿的想象力，激发了他们创作的兴趣。

（三）制作树叶小精灵

美工区里，牛牛说："我们也做树叶'小精灵'吧。"彤彤说："好的，我要做一个有长头发的'小精灵'。"蜜蜜说："我要做一个大眼睛的'小精灵'。"牛牛说："我们把树叶粘在纸上再画表情吧。"孩子们说："好的。"然后，大家一起开始制作。

夕夕说："蜜蜜，你没画眼睛。"蜜蜜说："我画了，你看！"蜜蜜把画举到夕夕眼前，夕夕说："哦，是画了，我刚刚都没看见。"彤彤说："看我的独眼'小精灵'，还长了长头发呢，多好看！"蜜蜜说："彤彤的'小精灵'真好看，这眼睛是怎么做的？"彤彤说："这是梁老师前几天提供的小眼睛，粘贴上就行。"蜜蜜说："那我也贴两个吧。"孩子们制作好后就请我帮忙拍照，并将自己制作的"小精灵"粘贴在展示墙上，特别有成就感。

孩子们发现问题，解决问题，尝试用半成品"眼睛"替代画完看不清的眼睛，他们发现了材料的丰富性。每个孩子都根据自己的兴趣制作了独一无二的"树叶小精灵"。一遍一遍地调整材料，一次一次地尝试，不断调动和运用已有的经验，获得新的经验，全身心地投入制作"小精灵"的活动中，体验成功的喜悦。我也通过观察为孩子们提供支持游戏的相应材料（见图 1-30）。

图 1-30　树叶"小精灵"展示

（四）观察叶片飘落的轨迹

孩子们在爬网上游戏时，牛牛大声喊起来："小树叶从树上飘落下来啦！"夕夕说："嘻嘻……像下雨一样。"妍妍说："我感觉像降落伞一样飘下来。"哲哲说："叶子是左右摇摆掉下来的。"孩子们都坐在爬网上认真地观察树叶飘落的景象。

回班后，我说："孩子们，你们观察到小树叶是从树上飘落下来的，那它们是怎样掉下来的呢？"夕夕说："像下雨一样，直接从树上落到地上。"牛牛说："我看到树叶飘了一个圈后掉下来的。"哲哲说："树叶左右飘飘落下来的。"我说："那我们尝试用画笔把树叶飘落的过程画

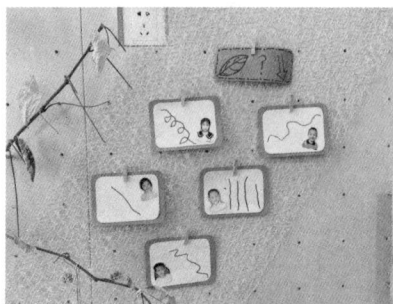

图 1-31　树叶飘落轨迹记录单

下来吧。"孩子们都动手绘画起来。

在孩子们的记录单上，我发现他们尝试用直线、斜线、曲线等不同线条记录了落叶的飘落轨迹（见图 1-31）。通过本次活动，孩子们感受了线条的趣味性，丰富了对线条的认知，为后期的线条画奠定了基础。

（五）树叶拓印

"变魔术啦！今天梁老师带来了一场魔术表演，我将在这张白纸上变出一个漂亮的树叶，小朋友们认真看哦！"我用蜡笔在白纸上平涂"变出"了一个叶脉图。孩子们兴奋地鼓掌，"梁老师真棒！""这是怎么变出来的？"孩子们都很好奇。我打开白纸揭秘，"梁老师在白纸下面放了一片树叶，用蜡笔在树叶上面的白纸上平涂，树叶的叶脉就会出现在白纸上。你们也来试试吧！"（见图 1-32）

图 1-32　叶脉图拓印

孩子们尝试自己"变魔术"的过程中，还发现两种颜色叠加在一起会出现不同的效果，一时间魔术表演在班级活动中风靡起来，蜡笔变树叶、手指颜料变树叶、超轻黏土变树叶等，孩子们创造了各种不同的魔术表演。

借助落叶这一自然元素，幼儿萌发了对美的感受和体验，丰富了想象力和创造力。他们尝试用自己的已有经验去表现和创造美，同时，在游戏过程中，更深刻地观察到小树叶的叶脉，为后期的叶脉线条画奠定了基础。

（六）叶脉画

我说："孩子们，我们身体里有小血管，小树叶的身体里也有'小血管'，你们发现了吗？"妍妍说："叶脉就是树叶的'小血管'吧。"我说："对，树叶就是靠叶脉吸收营养的，叶脉就像我们的血管一样，遍布全身用来输送水分和养分，我们今天帮助可爱的小树叶画出它们的叶脉吧。"

孩子们在绘画落叶飘落轨迹时，认识了各种不同的线条，在"树叶拓印"变魔术时又清晰地观察了树叶叶脉的样子，这两个活动都为本次活动奠定了前期基础。在本次绘画中，孩子们尝试用直线、斜线、曲线、电话线等不同线条表现树叶的叶脉。我将真实的树枝固定在主题墙面上，幼儿将画好的叶子粘贴在树干上，真实的材料激发了孩子们制作的兴趣（见图1-33）。

（七）家长积极参与

家长朋友们对孩子们的活动十分关注，也非常支持。他们积极关注班级活动和幼儿的发展需求，参与活动的热情很高，大力支持幼儿开展活动，前期和幼儿一起观察秋天、收集树叶，利用周末时间用心地与幼儿共同制作树叶拼贴画（见图1-34），还有些家长在班级群中分享收藏树叶的好方法。

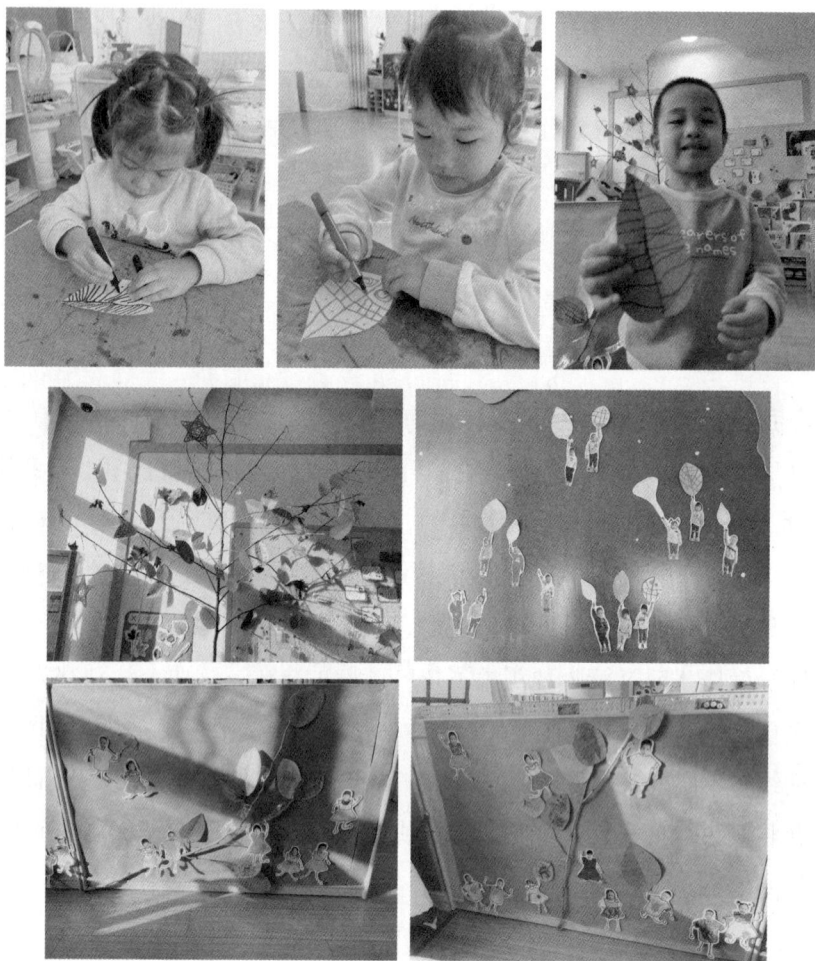

图 1-33　绘制叶脉

（八）植物拓染

"梁老师，幼儿园能玩儿植物拓染吗？"皓鸣妈妈问。

我说："可以的，我去年带大班孩子玩儿了，特别好看。"

王皓鸣妈妈说："我买点布，你可以带孩子们玩儿。有锤子吗，我也买几把？"

"好的，感谢，孩子们一定能玩儿得很开心。"梁老师说（见图 1-35）。

图 1-34 树叶拼贴画

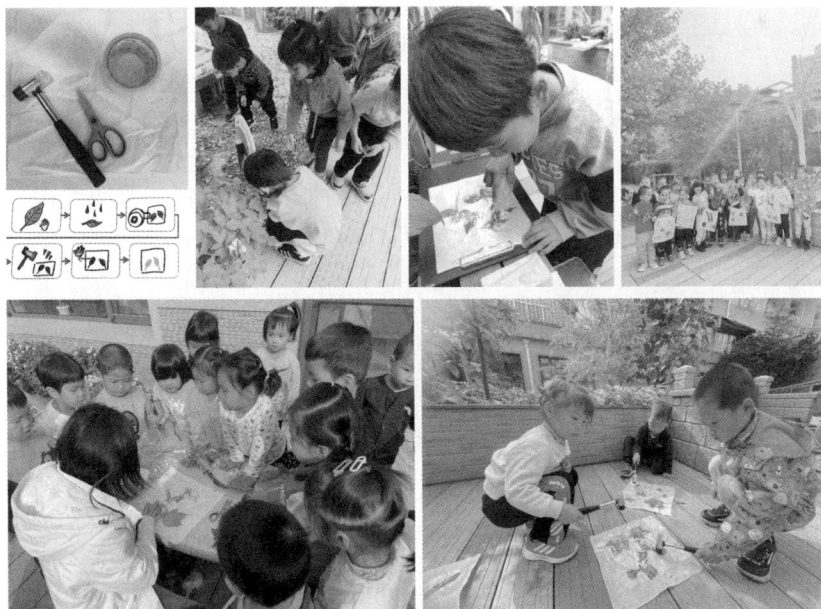

图 1-35 树叶拓染

在活动逐渐深入后，家长朋友们不满足于简单地收集各种材料和配合游戏，他们尝试提出自己的想法和建议。家长参与幼儿的活动是幼儿园对教育资源的积极利用，家长是幼儿园教育和游戏过程中的积极贡献者，也为幼儿的成长提供一个良好的外在条件。我特别感谢家长的积极参与。家长的参与督促并激励我们不断地改进提升游戏内容，使孩子们的能力得到全方面发展。

三、秋日来信

秋天是一个收获的季节……

孩子收获了爱和经验：来自家长、老师、同伴等多方面的爱，并通过直接观察、梳理经验，丰富了游戏内容，开阔了视野；家长收获了融洽的亲子关系和教育理念，通过积极参与班级游戏活动、亲子游戏增进了亲子感情，明显感受到孩子们的进步——动手能力变强，敢于表达、表现了；老师收获了成就感——孩子们的成长和家长的肯定。可幸福感怎么收获呢？

我尝试开设了"秋日信箱"，用写信这种古老而有仪式感的形式，让家长和孩子们感受秋天的幸福感。

（一）神秘的小房子

彤彤指着一个装有木头片的袋子，问："这是什么，梁老师？"我说："这是一个神秘的小箱子，当你组装好后，就能在这个小房子里拿到别人给你的信。"牛牛说："太神奇了！我也想做。"彤彤说："我们一起做吧。"美工区又来了几个小朋友，他们一起制作起来。

很快，小房子制作好了，孩子们和我一起将神秘的小房子布置在主题墙面上，等待信件的到来（见图1-36）。

图1-36 "秋日信箱"

我在活动区中投放了半成品材料，等待孩子们发现并尝试自己动手制作神秘的收信箱，为后续的活动增加神秘感，提升幼儿的参与度。

（二）温暖的信件

"我们去看看有没有信吧。"彤彤说。

妍妍说："好的，我想一定有。"

"这是我们的名字，有我的信啦！梁老师，你能帮我读读吗？"彤彤拿着信找我。"好的，没问题。"我把信从头到尾读了一遍。彤彤听得十分认真，并说："我一定听老师的话！"其他孩子很羡慕，他们也纷纷到收信箱去寻找自己的信件。

小小的收信箱，传达了家长对孩子们的期盼和希望。家长朋友们把自己想说的话写下来，不被孩子们发现地带到幼儿园里，我悄悄地放进信箱里，等待孩子们发现，我帮孩子们读信，给他们一个惊喜。家长认可并积极参与我们的活动，他们写下来对孩子们的期盼，对幼儿园生活游戏的兴趣，期待和孩子们一起参与到活动中来。孩子们通过信件，感受到家长的情感，感受到了爱。我们也得到了家长们的好评：老师很用心、很专业，孩子们在活动中不断地成长，增进了亲子感情（见图1-37）。

图1-37 "秋日信箱"传递爱

（三）火热的回信

"梁老师，我可以给爸爸妈妈回信吗？"彤彤说。"可以呀，那你想怎么回信呢？"我说。彤彤说："我想画老师带我们玩游戏，我很听话。""没问题，那你来回信，我制作一个寄信箱，这样爸爸妈妈就能收到你的信了。"

彤彤迫不及待地开始了下一步的行动，用绘画的方法制作回信。我也用牛皮纸制作了大信封，设计出了寄信箱，彤彤画好后把给爸爸妈妈的回信放进寄信箱，期待爸爸妈妈能收到这封信。

孩子们有回信的想法，我支持他们的想法，提供他们制作回信所需的材料，鼓励他们大胆尝试，并用照片或视频的形式，通过微信群让家长了解孩子们游戏的进程；通过私信的方式，第一时间将孩子们的回信发给家长，从而实现家校携手，给孩子一个完整的活动过程，让孩子感到神秘而幸福，感受家庭的温暖，感受父母的陪伴和爱（见图1-38）。

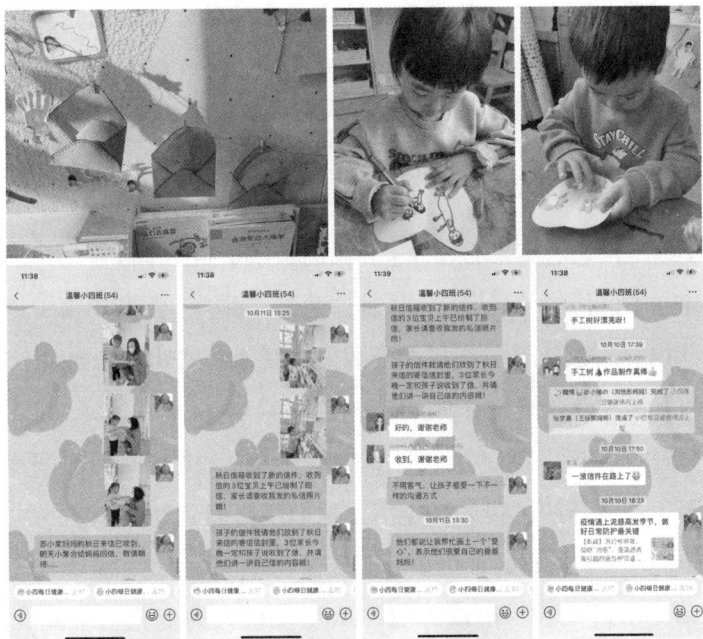

图 1-38　爱的回信

四、爱的联结，心的互动

（一）细心专业的生活照顾

用游戏形式开展各项活动，把枯燥的生活变为有趣的游戏情境，孩子们积极动手，吃、喝、穿、脱……各方面都愿意去尝试，为接下来参与主题活动打下良好的基础。

（二）丰富多彩的游戏活动

关注秋天变化，从孩子们关注的小树叶入手，观察感知、制作游戏、相互交流，在家园的配合下，孩子们玩得很开心，感受到每个人带给他们的爱。

（三）多种形式的沟通交流

通过视频、照片、短片等形式让家长了解幼儿园生活，感受我们对孩子的爱；通过电话、视频、面对面约谈等形式，和家长单独沟通交流；通过录制微课的形式，让家长了解我们是如何教孩子各项技能的……

（四）充满爱意的情感教育

在不断地沟通、交流的过程中，我们和孩子建立了温馨的师幼关系，和家长建立了信任的"桥梁"，并通过这个"桥梁"逐渐丰富了孩子们的各项活动内容。家长不但积极配合我们的活动，提出自己的想法，还模仿我们的方式，设计相关活动。

我们班的小宝贝们，9月刚刚来到幼儿园，通过一个月时间逐步适应了幼儿园生活，开始了集体新生活。他们从家庭到幼儿园是一次较大的环境变迁，离开爸爸妈妈难免缺乏安全感。我借助"我和秋天比个'叶'"主题活动，由近及远、由浅入深，从发现秋天的变化、玩儿关于树叶的游戏、收到秋天的信件等活动入手，激发他们感受父母的爱、尝试给父母回信、感受身边人的爱，在他们幼小的心灵播下爱的种子。整个活动中，幼儿全身心地投入，体验制作带来的喜悦，迁移生活经验，这些活动都将为幼儿的深入学习奠定基础，使得幼儿逐步形成良好且受益终生的学习品质。让我们在挖掘自然环境价值的同时，在幼儿的心灵中播撒爱父母、爱同伴、爱老师、爱生活、爱家乡的种子。

第二章

中班自然教育活动案例

幼儿园的石榴成熟了

执教教师：李萌

一、活动背景

国庆节放假回来，迎接孩子们的除了热情、温柔的老师们，还有园所大门两旁红彤彤的、挂满果实的两棵石榴树，回到班级大家开始兴奋地议论起来。

舒心："哇！我发现园门口石榴树上的石榴都变大了。"

小喜："我看见好多都已经变红了。"

梦卿："石榴可真好看，好像红灯笼！"

葵葵："老师，这石榴可不可以吃了？"

老师："我也不知道呀。咱们过去好好看一看。"

孩子们对石榴熟没熟、能不能吃好奇极了。我跟着孩子们的脚步，一起来到石榴树旁观察石榴。他们询问门卫爷爷、孟老师（幼儿园的食育专职教师），回家同家长们一起寻找答案。当孩子们得知石榴熟了，可以采摘了的时候，开始兴奋起来，并约定了开展采摘的活动，我们班的石榴探究之旅也随之展开了（见图 2-1）。

图 2-1　石榴成熟了

二、活动预期目标

《3-6 岁儿童学习与发展指南》中班科学领域目标指出："对新事物产生好奇，并愿意接触和提问。"孩子的知识经验是在生活中慢慢积累起来的，而摘石榴、做石榴美食的生活化活动正是幼儿探究自然的好契机。在亲自采摘、统计数量、制作美食这个过程中，中班的孩子们会遇到很多的问题与挑战。他们在探究石榴的活动中，通过观察讨论、调整方法、动手操作等方式尝试与同伴共同解决问题，在食育活动中，感知食材的变化，体验制作美食的乐趣。

三、活动内容与过程实录

故事一：一起摘石榴

（一）我有一百种摘石榴的方法

孩子们围绕着"采摘"的话题越来越多。每个孩子都在为能亲手摘下一个石榴而想尽办法。我决定把探究的权利交还给孩子们。这一次的采摘活动他们会迸发出怎样的奇思妙想呢？

老师："你要怎样摘呢？用什么工具来摘？"

星星："大家一起抱着石榴树用力摇，石榴就会掉下来了。"

彤彤："我要拿上小篮子，把摘到的石榴放到里面。"

小喜："我觉得应该用小剪子来剪。"

舒心："可以找根长长的棍子，把石榴都打下来，其他人在地上捡。"

祺祺："我们可以站在凳子上，就能摘到上面的。"

丁宝："我要站在桌子上，这样比凳子还高，我就能摘到最顶上的石榴了。"

六一："我可以爬到树上摘，我爬到树上摘过樱桃。"

各种有趣的摘石榴方法在讨论中产生了。孩子们"摘石榴"的兴趣在讨论中越来越浓。作为老师，及时肯定孩子们的想法，引导孩子们根据想到的办法进行分组，选取工具为采摘石榴做准备。大家对采摘活动的期盼也越来越强烈（见图2-2）。

图2-2　孩子们寻找摘石榴的工具

（二）摘石榴喽！

终于迎来盼望已久的采摘活动。树上结着一颗颗或大或小的石榴，就像娃娃可爱的圆脸一般，争相向孩子们报告着成熟的喜讯，孩子们已经迫不及待地要去大显身手了。

雨恬："老师，什么时候才能摘呀？我都着急了！"

老师："你们知道要摘什么样的吗？采摘时注意什么呢？"

梦卿："要摘红色的。"

小妹："要摘大的，不能摘小的。"

果果："我觉得应该用小剪子来剪。要不会把树枝揪坏的。"

喆喆："要剪石榴的小枝子。"

媛媛："不能到树坑里去，这样会把树弄折的。"

老师："你们说得都很好。石榴树小，我们人多。我们不能一次都去，要分组来采摘。去摘吧。"

于是，小朋友们有说有笑地去摘石榴了。

1. 用剪刀摘

他们踮起脚尖，伸出双手去摘石榴（见图 2-3）。

玥彤："我使了好大的劲儿也摘不下来呀。"

嘉嘉："给你剪刀试试吧。"

美琪："我也用剪刀，确实轻轻松松就摘下来了。"

大川："还是剪刀好用，这样不会拽坏树枝。"

图 2-3　用剪刀摘石榴

2. 和同伴一起摘

一个人的力量是有限的，孩子们会尝试求助同伴，合作采摘（见图 2-4）。

新颜："喆喆，我来摘，你来接着，可不要掉地下。"

丁宝："星星，你劲儿小，我来帮你吧。"

葵葵："涵涵，你个子高，能帮我把上面那个石榴摘下来吗？"

向洲："杨杨，你的头上有一个特别大的，手再往左边点，对，就是这个，递给我，你真棒！"

图 2-4　合作摘石榴

3. 站在木桩上摘

中班的孩子更喜欢靠自己摘下树上的石榴，他们搬来木桩子，站在木桩上摘石榴（见图 2-5）。

涵涵："刚才我站上木桩时，木桩有点晃，我的心都快跳出来了。"

榕榕："幸亏有这个木桩，要不我就够不到那个又大又红的石榴了。"

丸子："站在木桩上我就变得和老师一样高了，一伸手就摘到了大石榴。"

图 2-5　借助木桩摘石榴

4. 老师抱着摘

美琪："老师力气可大了，我还想再来一次。"

六一："哇，好高呀，老师抱着我感觉就像飞起来了。"

铄铄："我最喜欢老师抱着我摘石榴了。"

梦卿："刚才老师把我抱那么高，手一伸就摘到了红红的石榴。"（见图2-6）

看着自己亲手摘的新鲜石榴，大家的笑容更加甜美了。孩子们高举着亲手摘下的果实，带着艳阳般的笑容，为这次摘石榴活动留下了最欢快的影像（见图2-7）。

图2-6　老师协助摘石榴

图2-7　摘石榴合影

故事感悟

活动前，通过问题引发幼儿思考、讨论，帮助幼儿了解采摘的方法，有目的、有分工地进行采摘，潜移默化地引导幼儿爱护植物，不能伤害植物。在采摘的过程中，满足孩子充分体验的愿望。体验正是孩子重要的学习方式，是认知和态度形成的基础。我作为参与者，体验着孩子的体验，充分地放手让孩子自主寻找方法采摘石榴。

故事二：趣味数石榴

刚刚回到教室，孩子们已经抵挡不住石榴的诱惑，围着石榴七嘴八舌地议论了起来。

彤彤："你们猜我们摘了多少个石榴。"

祺祺："咱们摘了许多石榴呢。"

六一："许多是多少呀？"

小翟："我觉得是 100 个。"

大川："我觉得是 1000 个，哈哈哈！"

小喜："一会儿品尝的时候够不够每人一个呀？"

看着几个孩子争论不休，"怎么才能知道我们摘了多少个呢？"我提出了我的问题。

美琪："咱们数一数吧。"

老师："可以，怎样数呢？"

方法一：在筐子里点数

杨杨自告奋勇地来到桌子前，用手指着篮子里的石榴点数起来："1、2……12。"他突然停了下来，我问他："数到几了？"他小声地嘟囔着"12"。我又问他："你这里是有12 个吗？"他不好意思地说："我数到 12，总是有重复的。"（见图 2-8）

老师："杨杨说在筐子里数总是数重复，谁还想来试试，有别的方法吗？"

图 2-8　点数石榴

方法二：摆成圆圈数

"我们把石榴摆成圆圈，这样数就不会漏掉了。"美琪想到一个好方法，

她把圆摆好，开始数了。她用手指一个个点着数："1、2、3、4、5、6、7……我刚才是从哪一个开始数的啊？这个数过了吗？"原来美琪忘记自己数的第一个石榴是哪一个了。祺祺说："不行不行，你的方法不知道头和尾，我们还是换一种方法数数看吧。"（见图2-9）

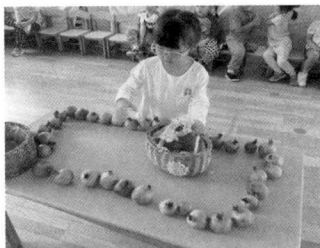
图2-9 围成圆圈数石榴

方法三：摆成一条线，两个两个地数

"我有办法了，我们把石榴排成一条线，摆成一条毛毛虫，这样就能知道它的头和尾巴在哪里了，就不会数错了。"说着祺祺把石榴排成一条直直的线，用手指着石榴两个两个地数："2、4、6……是42个，我数出来了！"（见图2-10）祺祺开心地叫了起来！"是42个吗？我们要不要用另一种方式来验证一下这个结果呢？"我对他们说。

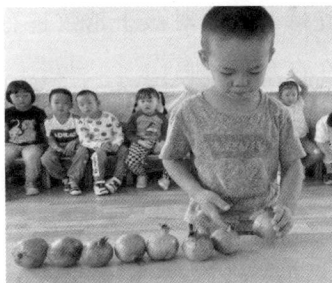
图2-10 毛毛虫式数石榴

方法四：传递式数

小喜说："我把桌子上的石榴拿在手里，边数边放到筐子里，这样就不会数错了。"大家也觉得这个方法不错。在数的过程中，大家一起帮助小喜数："1、2、3、4……第二遍数了，也是42个！"看来我们这次数对了（见图2-11）。一个简简单单的数石榴的故事就这样发生了。

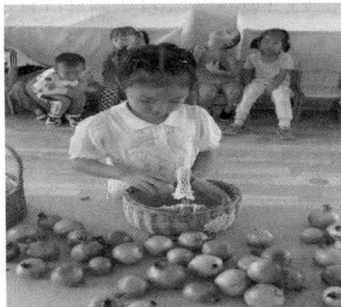
图2-11 传递式数石榴

故事感悟

《幼儿园教育指导纲要》中明确指出："能从生活和游戏中，逐渐形成幼儿的数学感和数学意识。在真实的情境和解决问题的过程中，感受事物的数量关系并体验到数学的重要和有趣。"它明确了幼儿园数学教育的目标和价值取向，不是一种纯粹的重复练习，而是强调数学活动要与真实任务相联系，初步运用数学解决日常生活中的问题，从生活中来，到生活中去。

由石榴带来的兴趣，孩子们自发投入计数中。老师要做的就是观察，适时、适当进行引导。在孩子们数石榴的过程中，我作为一个支持者，面对孩子越数越有劲头的场面，感到欣喜。这不就是孩子们在自发学习吗！

故事三：制作石榴水

孩子们迫不及待品尝了我们采摘回来的石榴，在品尝的过程中孩子们发现有的石榴籽很甜很好吃，而有的石榴籽酸酸涩涩的。孩子们品尝到辛辛苦苦采摘的石榴是酸的，不能吃，很伤心，但是觉得扔掉太可惜了。孩子们没了主意。

老师："石榴还有别的食用方法吗？可以让它变甜吗？"一句话让沮丧的孩子们兴奋起来。

雨恬："咱们去找幼儿烹饪室的孟老师吧，看看她有什么好办法。"

孩子们开开心心地端着自己采摘的石榴，来到了最喜欢的幼儿烹饪室。孟老师听了孩子们的求助，跟他们一起讨论石榴的新吃法。经过一番商讨，大家一致决定来制作美味的石榴水（见图 2-12）。

图 2-12　美味的石榴水

（一）巧手剥石榴

孟老师先将石榴切成两半分给孩子们，孩子们两两一组将石榴籽一颗颗剥到小碗里。在剥的过程中，有的小朋友偷偷地将剥好的石榴籽放进嘴里，酸得眯起了眼睛，有的小朋友舔着流在手上的石榴汁。孟老师提示宝贝们，剥的时候要轻轻的，要不石榴籽就破了。孩子们听了孟老师的话，剥石榴的动作更加小心翼翼了。

孟老师问孩子们："你们觉得石榴籽像什么？"

安安静静剥石榴籽的孩子们争先恐后地说起来。

果果："石榴籽像一颗颗宝石。"

梦卿："石榴籽像珍珠一样。"

彤彤："我觉得像水晶。"

星星："像肉疙瘩。"

航航："石榴籽像小种子。"

在孩子们的交流声中，他们面前的小碗里逐渐装满了石榴籽（见图 2-13）。

图 2-13　动手剥石榴

（二）石榴水变甜的秘密

孩子们将剥好的石榴籽全部倒入养生壶，孟老师加入水后将它进行加热。在孩子等待的过程中，孟老师像变魔术一样将一个南瓜样式的小罐子放到孩子们面前："这是一种神奇的食材，它会把石榴水变甜，你们猜一猜这里面是什么。"

雨恬："我猜是蜂蜜。"

小翟："我猜是糖。"

大川："我能尝一尝吗？"

孟老师拿起罐子摇了摇，里面发出哗啦哗啦的声音。

祺祺："我知道了，是冰糖！"

孟老师打开罐子的盖子，让大家看。果然是冰糖。孩子们恍然大悟，原来这就是让石榴水变甜的秘密呀。孟老师将冰糖加入石榴水中，孩子们目不转睛地看着石榴水。过了一会儿，孩子们发现冰糖不见了，原来这种现象就叫作溶解（见图 2-14）。

图 2-14 制作石榴水

（三）石榴水变粉啦

过了一会儿，孩子们发现石榴籽在水中不停地动起来。

美琪："看，石榴籽在水中跳舞啦！"

丸子："我觉得是在游泳。"

向洲："它们在玩蹦床。"

葵葵："石榴水也在冒泡。"

孟老师追随着孩子们的发现，告诉他们这种现象叫作"沸腾"，这种情况就是水开了，并提示孩子们要远离沸腾的水，避免烫伤。又过了一会儿，孩子们又有了新的发现：原来透明的石榴水变成粉色的了。

新颜："粉色的石榴水也太漂亮了吧。"

榕榕："石榴籽已经变白了。"

田炎："我觉得是石榴汁和白开水混在一起才变成粉色的。"

六一："肯定是石榴籽不停地跳动，水把它挤破了。"

孩子们都目不转睛地看着石榴水，发现它颜色越来越深，越来越粉。就在这时，孟老师宣布石榴水煮好啦，孩子们高兴得连连跳起来（见图2-15）。

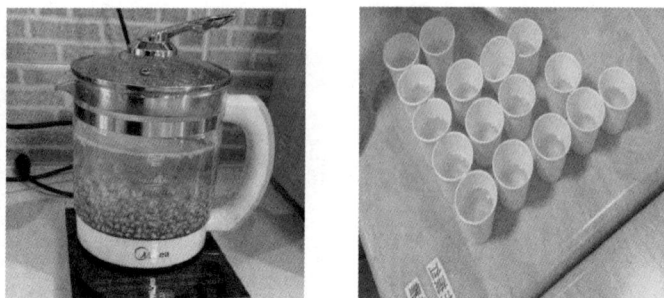

图 2-15　煮好的石榴水

（四）石榴水真美味

待石榴水变温后，孟老师将石榴水分别倒入一次性纸杯请孩子们品尝（见图 2-15）。孩子们小心翼翼地端着小纸杯回到座位上，慢慢地品尝着石榴水（见图 2-16）。

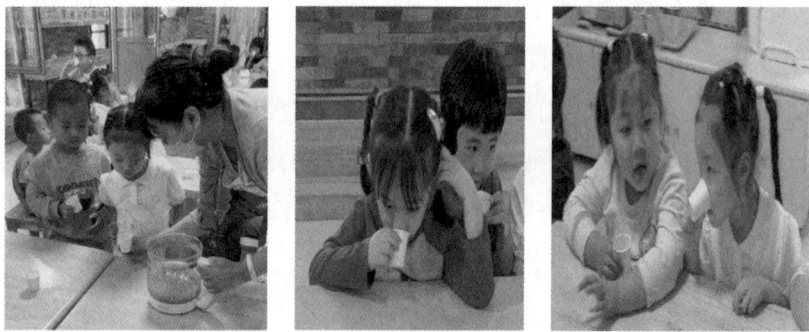

图 2-16　品尝石榴水

喆喆："哇，一点都不酸了。"

梓涵："真是太好喝了，就像在超市买的一样。"

玥玥："我好喜欢石榴汁的颜色，像动画片里公主的饮料一样。"

媛媛："这可是我们幼儿园的石榴煮的水，太美味了！"

姵霖："回家我也要和妈妈一起做美味的石榴水。"

嘉嘉："原来石榴煮水这么好喝呀，我第一次喝呢！"

舒心："做石榴水真是太有意思啦！"

梦卿："酸酸甜甜的，还是热乎乎的，喝着可真舒服。"

孟老师："现在正是石榴成熟的季节，除了做石榴水还可以用石榴做哪些美食呢？回家和爸爸妈妈一起做起来吧。"

孩子们听了孟老师的话，兴奋地回应着会和爸爸妈妈一起探索更多与石榴相关的美食。

故事感悟

《3-6岁儿童学习与发展指南》中班科学目标中指出："能初步对事物或现象进行观察比较，发现相同与不同。"我们能欣喜地看到，在制作石榴水的食育活动中，孩子们喜欢参与活动，愿意大胆操作，主动观察事物的变化，并愿意与同伴分享自己的发现与感受。这次愉悦的美食之旅，激发幼儿的探究兴趣，让其体验探究过程，培养了幼儿的初步探究能力。他们了解了石榴变甜的秘密，了解了溶解、沸腾现象，并掌握了安全小常识，学会了健康饮食和感受生活。品尝着美味的石榴水，他们获得了成就感，理解了食物的来之不易，懂得了交流、合作、分享和感恩。食育让他们成为更好的自己……

陈鹤琴先生说："小孩子只喜欢两桩事，一桩是吃，一桩是玩。"我们希望孩子们能够在真实的体验中感受生活、学会生活、热爱生活。这次教育活动不仅让孩子们走进了真实的自然环境，了解石榴的特征，感受收获带来的喜悦，品味制作美食的成就感和乐趣，还体现了我园生活皆课程的理念意识，能及时有效地利用环境资源，结合季节开展有价值的教育活动，培养孩子们热爱自然、乐于探索的良好品质。

我和落叶做游戏

执教教师：李萌 张薇

游戏一：你好，落叶

目标：

1. 捡拾落叶，感受秋天的季节特征，激发探索精神。

2. 学会观察树叶的变化，充分体验参与实践活动的喜悦。

玩法一：捡树叶

幼儿在幼儿园中寻找美丽的落叶，捡拾各种颜色、不同形状的落叶，放到小篮子里，收集起来（见图2-17）。

材料：各种落叶、小篮子。

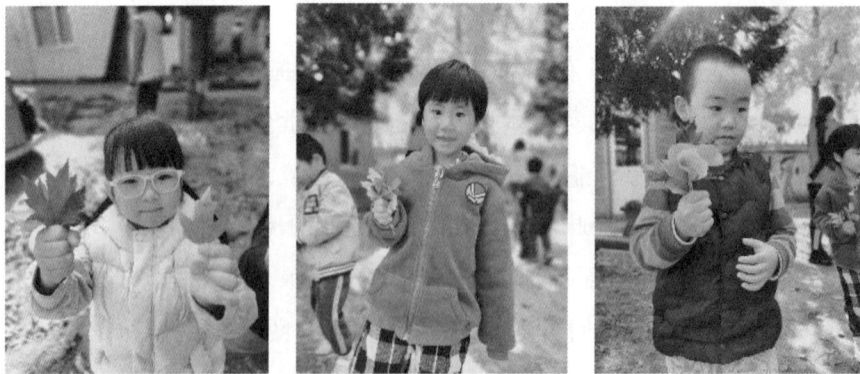

图 2-17　收集落叶

玩法二：落叶雨

幼儿将收集的落叶捧在手中，一起抛向空中，感受落叶轻轻飘落的美好场景（见图 2-18）。

材料：落叶若干。

图 2-18　落叶雨

玩法三：踩树叶

落叶飘落到地上，幼儿可以在落叶上走动、蹦跳、踩踏，感受脚底与落叶摩擦发出的声音（见图 2-19）。

材料：落叶若干。

图 2-19　踩落叶

玩法四：保存落叶

将收集的落叶用清水轻轻洗去浮土，用纸巾擦干夹到书里压平，可以保存很久（见图 2-20）。

材料：落叶若干、图书若干本、纸巾。

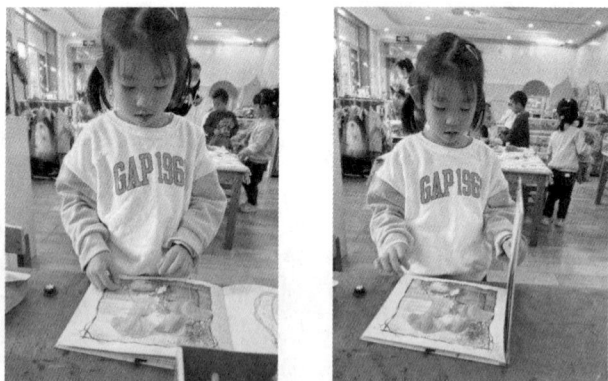

图 2-20　保存落叶

玩法五：落叶标本

将压平的落叶放进塑封膜中，用塑封机塑封。塑封后剪出好看的造型，用纸板围边并穿绳挂在自然角，便于幼儿欣赏与观察（见图 2-21）。

材料：压平的落叶、塑封膜、纸板、剪刀、双面胶、水彩笔。

图 2-21　制成落叶标本

活动建议

1. 游戏后，老师及时检查落叶是否掉进幼儿衣服中，帮助幼儿清理干净，提醒幼儿认真洗手。

2. 和幼儿一起收拾踩碎的落叶，装进垃圾袋，放到垃圾箱中。

游戏二：落叶真好玩

目标：

1. 感受秋天的季节变化，发现落叶的多种有趣玩法。

2. 喜欢亲近大自然，愿意参与自然游戏。

玩法一：寻找秋天的颜色

1. 将制作好的"秋天的颜色图卡"发给幼儿，鼓励幼儿和家长利用周末或节日走进大自然，感知秋天植物的色彩变化，共同寻找与图卡颜色一致的叶子、花瓣、果实等，按颜色粘贴在图卡相同颜色的位置。

2. 将粘贴完成的"秋天的颜色图卡"带到幼儿园，利用过渡环节、主题活动等与大家分享自己寻找到的"秋天的颜色"。

3. 将幼儿完成的"秋天的颜色图卡"制作成书，放置在自然角，激发幼儿更加细致地观察及分享。

材料："秋天的颜色图卡"、各种颜色的叶子、花瓣、果实、双面胶、硬卡纸（见图2-22）。

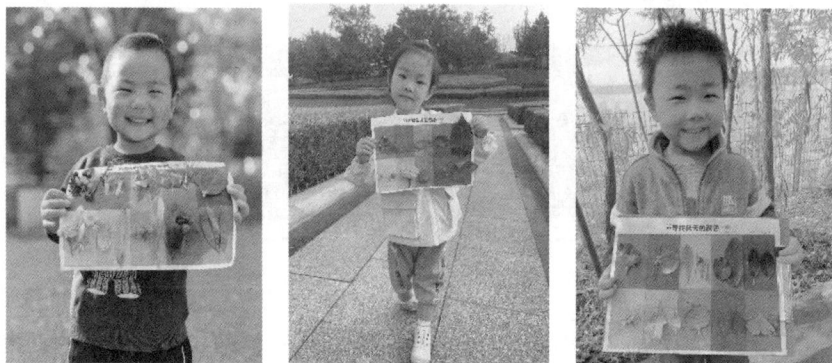

图2-22 "秋天的颜色图卡"

玩法二：银杏落叶大作战

1.幼儿园的银杏叶落满地，金灿灿的美丽极了。教师用大宽胶带将两棵银杏树围起来，有胶的一面朝上，胶带的高度超过幼儿头顶即可。老师鼓励幼儿将落在地上的银杏树叶粘贴在胶带上，比比谁捡的银杏落叶最多，鼓励他们粘满整片胶带，并引导幼儿从胶带下面这个新的视角观察银杏叶（见图2-23）。

图 2-23　观察银杏叶

2.将幼儿分成两组，男孩、女孩各一组，分别站在胶带两侧，从胶带上方向对面抛撒捡拾的银杏树叶，比一比双方小朋友哪边抛撒的银杏落叶多（见图2-24）。

图 2-24　抛撒银杏叶比赛

3.幼儿与金灿灿的银杏树合影，感受秋天童话般的色彩以及落叶游戏带来的快乐（见图2-25）。

材料：银杏落叶若干、大宽胶带。

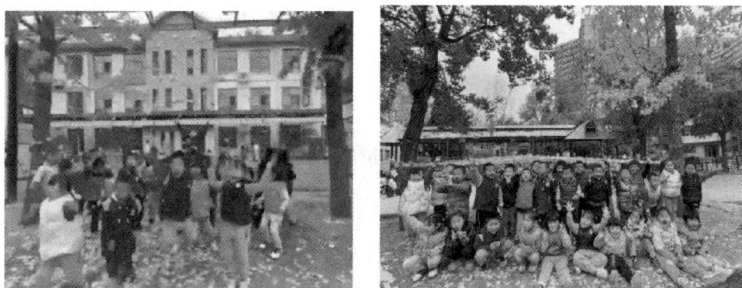

图 2-25　银杏树下的合影

玩法三：落叶变变变

深秋到来，一阵风吹过，幼儿园中柿子树、银杏树、五角枫等树木的叶子纷纷落下，落叶飘得到处都是。幼儿分组将捡来的落叶在操场上拼摆成各种造型，有数字、动物、字母等。幼儿之间相互合作，小组之间相互比拼，比一比哪组拼摆的落叶画最有创意（见图 2-26）。

材料：各种颜色的落叶。

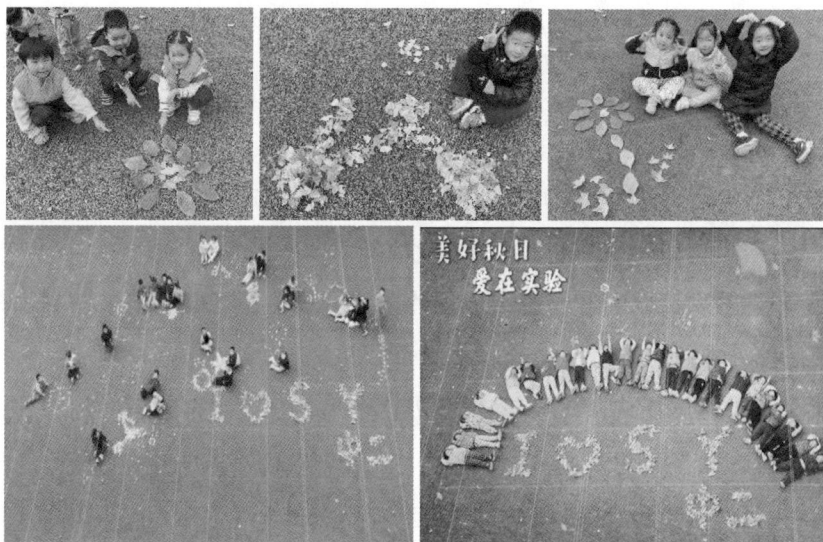

图 2-26　落叶拼摆游戏

游戏三：落叶的艺术创想

目标：

1.认识、了解各种形状的落叶，能画出自己喜欢的树叶，用不同的点、线、图形来装饰树叶。

2.尝试用各种落叶及辅助材料拼贴、制作自己喜欢的东西。

3.体验用落叶进行创造的乐趣。

玩法一：小树叶的化装舞会

1.幼儿观察树叶的形状、叶脉，动手画一画。

2.创设情境，小树叶要参加秋天的化装舞会，激发幼儿装饰树叶的意愿。

3.展示装饰画的小树叶，引导幼儿观察小树叶上的点、线、图形等。

4.幼儿尝试装饰树叶。

5.将幼儿的作品在艺术区进行展示，让幼儿互相欣赏。

材料：各种颜色、形状的落叶，范画，印有各种树叶的图样，水彩笔，炫彩棒（见图 2-27）。

玩法二：树叶风铃

1.捡拾回来的落叶，用纸巾或柔软的干布轻轻擦去表面浮土。

2.用丙烯马克笔在树叶上面进行线条、涂色装饰。

3.老师用树枝和麻绳制作成风铃框架，幼儿用冷胶枪将装饰好的树叶有序地粘贴在麻绳上。

4.鼓励幼儿按相同种类的树叶进行粘贴，制作出柿子树叶风铃、银杏树叶风铃、枫树叶风铃等。

材料：各种落叶若干、树枝、麻绳、丙烯马克笔、剪刀、冷胶枪（见图 2-28）。

图 2-27　装饰树叶

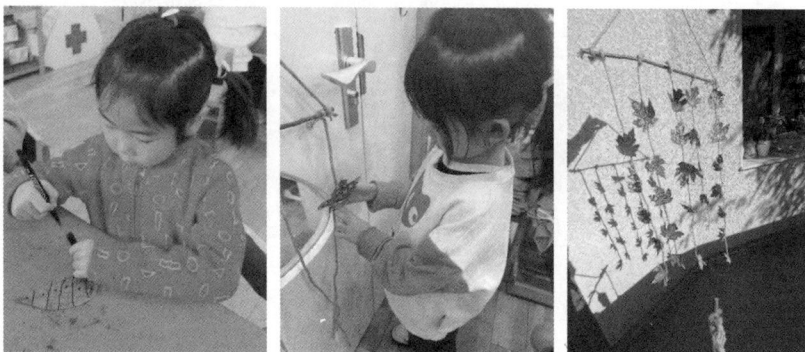

图 2-28　制作树叶风铃

玩法三：银杏花朵

1. 展示成品，激发幼儿制作银杏花朵的兴趣。

2. 通过视频或老师示范了解制作过程。

3. 引导幼儿通过语言描述制作方法。

4. 幼儿分组尝试制作银杏花朵，老师适时给予个性化指导。

5. 幼儿展示作品。

6. 教师鼓励幼儿为银杏花朵制作花瓶，并摆放到娃娃家的小餐桌，增添艺术氛围。

材料：手工制作视频、银杏落叶若干、双面胶、麻绳、剪刀（见图2-29）。

图 2-29　制作银杏花朵

"玩转"树皮

——中班幼儿的神奇树皮之旅

执教教师：张梦雅

一、活动由来

随着天气逐渐变暖，孩子们外出游玩的
时候发现，原本"干净"的大树树坑下多了些
树皮，有大块有小块。好奇心驱使孩子们将掉
落的树皮捡回来带到班级中的科学区供大家一
同观察。观察的同时大家都有着各自的疑问：
大树为什么会掉皮呢？掉皮的时候它会疼吗？
我们怎样来帮帮它？脱落的树皮能用来做什么
（见图 2-30）？

图 2-30　脱落的树皮

二、活动过程

1. 大树为什么会掉皮？

孩子们回家后与爸爸妈妈共同翻阅书籍、借助网络查找资料，通过
多种渠道了解到大树掉皮的原因有很多。新涤就证实了自己原来的猜想，

她猜测："大树掉皮是因为要长新皮，就像我们的胳膊磕破了皮还会长出新皮，而结的痂就是大树掉落的皮。"嘉乐猜："大树掉皮是因为它太热了，天气暖和了，就要脱衣服啊！"但他查证到大树掉皮是因为它过度缺水，水分不足。于是他很兴奋地跑过来告诉我："没错的，我猜对了，大树就是太热了，没水喝，然后干得掉皮了！""你说得对！看来我们以后要跟大树一样多多喝水了！不然我们可能也会干得掉皮哦！"我的玩笑话引得孩子们哈哈大笑……（见图2-31）

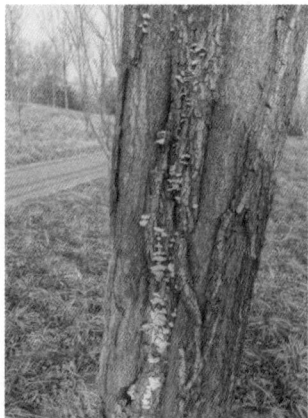

图 2-31　脱皮的大树

第二天一早，班里就有几个小朋友迫不及待地来分享头天晚上他们的大发现。原来关于树皮的猜测与探索，孩子们从未停止过。我得知头天晚上放学后几乎半个班的小朋友都相约去了幼儿园旁的街心公园。在那里，他们证实了树皮掉落的真正原因。嘉乐："昨天我发现了一棵松树，爷爷说这是一棵枯树，它已经枯死了，它的周围有很多掉落的树皮！"新涤："我也发现了一种树，它叫白皮松，它脱落的皮颜色是深绿色，新皮则是浅灰色，就像我们结痂后的皮一样，颜色总是发白很浅！"小田："我也有发现，有的树皮里面有白色的点点，妈妈说那叫霉菌，是大树生病了，有霉菌的树皮都是外翻的，很容易脱落。所以我觉得长霉菌的树皮也会掉。"浩浩："我也发现了，我也发现了，有一大块树皮里面有像木耳一样的东西，里面还有好多的虫子和虫卵，可恶心了！"于是我们总结出了几点大树掉皮的原因：大树太干了、缺水了就会掉皮；大树生病了，长了霉菌也会掉皮；大树的生长也会让大树掉皮，就如白皮松一样。新涤："原来大树掉皮也不完全是坏事，掉了旧皮与受伤的皮之后，大树才会长出新的皮，就像我们的皮肤，可以痊愈。"

2. 树皮可以用来做什么？

随着孩子们捡拾回来的树皮越来越多，盛放树皮的小桶已经装不下了，而孩子们在观察完树皮后就将它们闲置在一边，并没有人想起来用它们做些什么。于是在一次区域活动讲评中，我将我的疑问提了出来："孩子们，咱们班这么多的树皮，桶已经有点装不下了，我们用它们做

些什么吧！你们有什么想法呢？"我尝试让孩子自己发现新材料带给他们的乐趣。果然，在第二天的美工区，几个小朋友每个人都拿了一块树皮左摆弄，右摆弄的。浩浩："柚子，你看我这块树皮像不像一把剑？"柚子："你这个树皮是个长条形的，真挺像的！"浩浩："那我要做个'树皮剑'！"（见图2-32）说着浩浩拿来了水彩笔准备给他的"剑"涂上颜色。他选择了蓝色并开始涂色，涂了一会他停了下来，似乎是遇到了什么问题。他指了指他的树

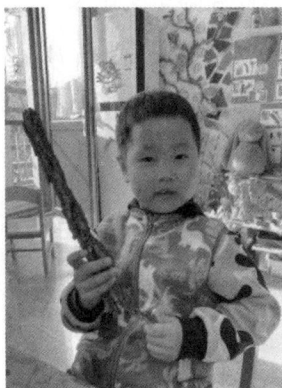

图 2-32　发现不一样的树皮

皮让柚子看，两个人你看看我我看看你，"怎么涂不上啊？"浩浩看着柚子发问。在确定了水彩笔墨水充足的情况下，浩浩再次进行了尝试。柚

子把手里的炫彩棒递给了浩浩，浩浩试了试发现这次可以涂上颜色了，于是，他选择了他喜欢的蓝色。涂了一会，他又停下了笔，"我想到了！"他跑去了丙烯推车那里，穿好罩衣后他拿了绿色的丙烯颜料与刷子尝试为他的树皮上色。这一次，他坚持为整块树皮涂好了颜色，"柚子，你看我的绿宝石'剑'！"涂好颜色后，他将树皮拿到了半成品架进行晾晒（见图2-33）。

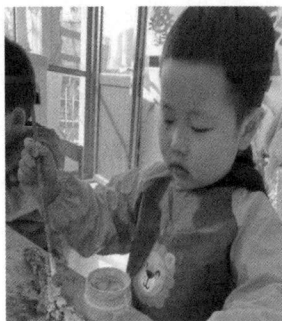

图 2-33　给树皮涂色

过渡环节时，一些小朋友在一起谈论树皮还能做哪些事，比如：可以做药材、做成调料、做成香包、做成吸水材料……孩子们讨论得不亦乐乎，对树皮的兴趣更加浓厚了。

3. 一起制作树皮"宝剑"

第二天，区域活动一开始，浩浩就迫不及待地扎进了美工区，他拿着已经晾干的绿宝石"剑"看了又看。现在他的剑只有长长的剑身，他托着脑袋在想着什么。看他久久不动，我上前进行了询问："浩浩，你是遇到什么问题了吗？"浩浩说："我不知道该做什么了，我想不起来我的剑的样子了。"我说："那我们一起来想一想我们的剑都由哪些部分组成吧！你做的这个是剑身是不是？那你看看还需要做一个什么，方便你握住'剑'？"浩浩马上受到了启发，"对！我要做一个'剑柄'，这样我就可以握住我的'剑'了。"

4. 制作"剑柄"

于是浩浩马上寻找到了一张彩纸，边折边剪，不一会儿他就剪出了一个长条形状。他迫不及待地将它用胶棒粘贴在了木条上，反复抹了很多层胶，然而在尝试粘贴时，"剑柄"都会掉下来。这时他又取了一卷双面胶进行了第二次尝试。他撕开一条双面胶很容易地就将它粘贴在了树皮上，他又尝试将双面胶的另一面纸撕掉。经过多次尝试，他都无法撕开双面胶的另一面贴纸。他无奈地将它撕了下来，"唉，怎么都粘不住呢？"浩浩皱着眉头。这时，柚子走了过来，"你别急，我想想啊！你这个树皮都是凸起的花纹，胶棒和双面胶用不了，你试试胶枪呢，咱们找老师要胶枪吧！那个一定行！"于是，浩浩跟柚子找到了我，向我要了儿童专用胶枪。我向他们交代了胶枪的使用方法与注意事项，并加入了他们的制作中。胶枪不一会儿就热了，他们迫不及待地将剑柄粘贴在了树皮剑上。这时浩浩发现了问题："为什么只有一面有'剑柄'呢？这样不好！"柚子："我觉得你可以再剪一个'剑柄'啊，然后粘上就看不出来了！"两个小伙伴一拍即合，浩浩赶紧又剪了一片纸，当作剑另一面的剑柄。但是两个小朋友又发现了问题："这个新剪的'剑柄'大小与原来的不一样啊！比在一起，这个太大了！"柚子："你再剪小点不就行了！"浩浩再一次进行了尝试，可是他的两个"剑柄"大小还是不一样，这可把两个小家伙急坏了，他们决定请其他小朋友帮忙一起出出主意（见图 2-34）。

图 2-34　粘贴"剑柄"

5. 树皮"宝剑"做好了！

区域讲评时间，浩浩跟柚子将他们没做完的"宝剑"拿给大家一起观赏，并且将他们遇到的问题提了出来。有很多小朋友热心地替他们出主意。桃桃说："你可以不用另一个'剑柄'，我觉得一个'剑柄'挺好的啊。"夏雨涵说："你可以比着画啊！你再拿一张新的纸，在原来的'剑柄'上比着画一个一样大小的就好了。"萌萌说："也可以一开始就画好两个一样大的，把一张纸对折，这样剪出来的就是一模一样的了。"孩子们迫不及待地将自己想到的方法告诉浩浩和柚子。他们也特别高兴，终于找到了正确的方法，树皮"宝剑"就这样在大家的共同努力下制作完成了（见图 2-35）。

图 2-35　制成树皮"宝剑"

6. 树皮"小人儿"诞生了！

随着树皮"宝剑"的诞生，渐渐地，树皮"手枪"、树皮"汽车"、树皮"飞机"、树皮"小鸟"、树皮"大象"等都在孩子们的精心制作中诞生了！很快有小朋友提议将他们制作好的树皮"动物"、树皮"交通工具"都粘贴在一起，但孩子们都有了各自的疑问。欣妍："怎么给他们放在一起呢？拿什么做他们的'家'？"柚子："让谁来开'车'，开'飞机'呢？"嘉泽："做些树皮'小人儿'不就得了！""好啊！树皮'小人儿'开树皮'汽车'！太棒了！"就这样，几个小朋友纷纷去树皮收纳桶里寻找自己需要的树皮了。嘉泽选择用树皮制作"小人儿"的身体，欣妍选择用树皮做小人的脸，柚子选择用树皮制做一个跳舞"小人儿"的裙子，每个人都用不同的想法与不一样的方法进行制作。有的小朋友选择用瓶盖作为"小人儿"的头部，有的小朋友则选择用彩泥捏制"小人儿"的头（见图 2-36 和图 2-37）。

图 2-36　制作树皮"小人儿"

图 2-37　树皮"小人儿"与树皮"汽车"

然而新的问题又出现了，在连接"小人儿"的头与身体时，孩子们都发现了问题。选择瓶盖做"小人儿"头的小朋友发现，瓶盖头跟树皮身体是难以粘贴的，这该怎么办呢？经过讨论，他们想到了之前做跳舞小猴用的毛根，毛根的作用就是连接小猴子头与身体。他们很快利用了相同的方法，在毛根的两侧都涂抹上胶，然后完成瓶盖脑袋与树皮身体之间的连接。问题迎刃而解，很快，多个不一样的树皮"小人儿"就诞生了，跳舞的、做操的、开车的、坐在椅子上喝茶的。孩子们还用硬纸板为"小人儿"们做了一个他们的"快乐森林"，想象着那里有蓝天白云，"小人儿"们在这里可以开着汽车，跳着舞，喝杯饮料，吃着汉堡，摘树上的红果子，呼吸大自然的新鲜空气。之后的每一天，都会有三五个孩子一起在"快乐森林"前诉说树皮"小人儿"之间发生的快乐的事，欢声笑语充满了整个教室（见图 2-38）。

图 2-38　树皮"小人儿"的故事

三、活动反思

此次活动完全从孩子们的内心出发。他们的好奇心驱使着他们发现树皮、捡拾树皮、向树皮发问、用树皮制作树皮"剑"，最后完成"快乐森林"创意制作，这是一个完整的充满探究性与可操作性的有趣活动。《幼儿入学准备教育指导要点》中指出："能够让幼儿多多亲近大自然，能够对周围的事物和现象感兴趣，对观察结果提出问题，并大胆猜测答案。"从幼儿发现树皮开始，兴趣就已经萌发了，老师的肯定与鼓励引导幼儿通过各种渠道去查阅资料，坐在一起进行讨论并探索了大树掉皮的真正原因。在此过程中，幼儿感知了自然现象，并通过自己的发现与讨论了解了树木的自救方法与树木保护方法，用走进自然的方式更深刻地去了解自然的神奇。

在制作树皮"剑"的过程中，幼儿能够与周围人共同探讨他们发现的问题，并大胆地发表自己的建议，帮助大家一起解决问题。在幼儿遇到无法解决的问题时，老师注重保护幼儿的自主性，并没有直接进行点拨，而是跟随幼儿的兴趣引导他们进行"剑柄"的创作。在尝试粘贴"剑柄"的过程中，幼儿发现了树皮质地的不同，需要使用的粘贴工具不同，经历了胶棒与双面胶两种常用工具的尝试，都以失败告终，随后柚子提出了使用胶枪的建议，可见孩子对于不同材质与不同工具的使用是有自己的学习经验的，并且具有调动前期经验的能力，这种运用已有经验的特质是特别需要鼓励的。

两个"剑柄"的大小如何相同也难倒了浩浩，但是将问题交给大家共同解决是一件"浪漫"的事。一把树皮"宝剑"调动了全班孩子的智慧，同时也带动了更多的孩子参与到"快乐森林"的创意制作中，形态各异的树皮小人儿展示了孩子们对自己美好童年的写实与快乐憧憬。《3-6岁儿童学习与发展指南》中指出："在欣赏自然界和生活环境中美的事物时，关注其色彩及形态特征，并能够用绘画、手工制作等表现自己观察或想象的事物。"孩子们从观察与触摸到之后的创作，利用了多种感官，从不同角度感知树皮的特性并创作出富有美的事物，在这个过程中孩子们也学到了何为发现、何为持续、何为解决、何为合作、何为创作、何为欣赏。

我们总说走进大自然，但身处城市中的孩子们却不解何为大自然，总觉得那离他们有些遥远。但是走进大自然其实很简单，自然就在我们的身边：幼儿园的小菜棚、路边的街心花园，甚至是脚下的那一簇小草。我们身处自然，关键在于能够与孩子们共同亲身感受并一起发现自然的神奇与美好，这才是最幸福最快乐的事吧！

第三章

大班自然教育活动案例

嗨！毛毛虫！

执教教师：邬婧

一、活动背景

一天小俣带来大帛斑蝶的幼虫，引起了孩子们的关注。"哇！毛毛虫！它往盒子上面爬呢！""看！它看着我呢，真想摸一摸它！""它吃什么啊？""它是怎么出生的？"从孩子们的话语中可以看出他们对毛毛虫产生了极大的兴趣，尤其上学期，班级中开展过有关"蛋"的主题活动，让孩子们对生命从无到有这一现象充满好奇。《幼儿园入学准备教育指导要点》中学习准备部分提出："要保护幼儿的好奇心和主动性"，"支持幼儿持续探究的行为"，"对大自然和身边的事物有广泛的兴趣，努力寻找答案"。于是，我决定支持幼儿的兴趣，鼓励幼儿通过多种途径观察探究毛毛虫，发现人与周围事物之间的联系，感受大自然的美好与神奇，进而培养幼儿热爱自然、乐于探究的品质。我们和毛毛虫的故事就此拉开了序幕……

二、活动实录

（一）毛毛虫初相识

当毛毛虫这个小小的生命来到班级中，孩子们兴奋极了，有的把毛毛虫放在自己眼前仔细观察；有的小心翼翼地把它捧在手心，让它在指尖爬行。孩子们你一言我一语地说个不停。于是，我和孩子一起讨论毛毛虫带给我们的感受（见图 3-1）。

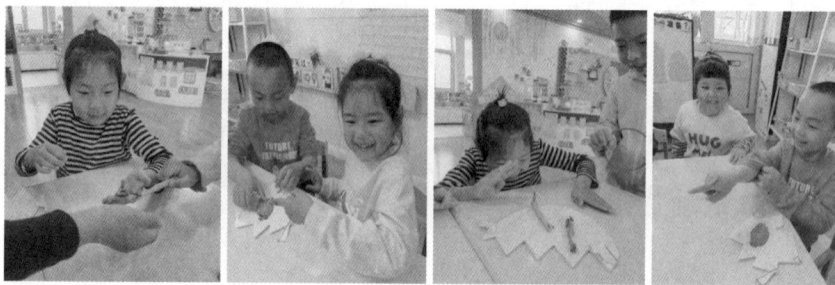

图 3-1　观察毛毛虫

老师："触摸毛毛虫时有什么感觉？"

彤彤："它太软了，像小面条一样！"

茜茜："它好像在为我跳舞呢！"

彤彤："它在我手心爬的时候我真是太痒了！"

佳佳笑着说："咕啾咕啾，它爬的时候身体总是一拱一拱的，像拱起的小山一样！"

老师："你们说得太形象了，毛毛虫带给我们这么多感受，谁来说一说它长什么样子呢？"孩子们又开始畅所欲言……

贞贞拿着放大镜说："它身上有很多花纹，而且是有规律的一条黑，一条绿。"

佳佳："它身上的花纹像斑马线一样。"

小俣："我觉得有规律的花纹像件小毛衣一样包裹着毛毛虫。"

我赶紧重复小俣的话："有规律的花纹像件小毛衣一样包裹着毛毛虫，这个描述真生动。"

桐桐紧接着说："它身上圆圆的红点像涂了红脸蛋。"

小俣："对对，像涂了红脸蛋一样，装扮着自己。"

面对小生命，孩子们的观察如此细致，表达也如此生动，这让我非常惊讶。为了鼓励孩子们自主记录，我找到录音书，方便大家继续把自己的观察描述收录其中。录音书的加入不仅激发了孩子们讲述的兴趣，也让孩子们慢慢学会仔细倾听同伴的讲述，不轻易打断他人（见图 3-2）。

图 3-2　借助工具观察毛毛虫

几天过后，录音书中的内容逐渐丰富起来，过渡环节时我们就"毛毛虫大发现"开展了分享展示活动。孩子们发现：毛毛虫吃东西的时候，是从叶子最外边开始啃咬的，发出咔哧咔哧的声音，像小电锯一样快；毛毛虫的眼睛黑黑圆圆的，像小珍珠一样亮；毛毛虫的脚像吸盘一样有劲……

经过几天的记录，我发现孩子们的观察越来越注重细节，而这得益于孩子们的持续观察，孩子体验越充分就越有话可说。

（二）我想给你一个家

1. 关于"家"的材料选择

毛毛虫真的是好饿好饿啊，一直在不停地吃。才三天的时间，毛毛虫已经完成第一次蜕皮，变粗变长了很多。二十多只毛毛虫在一个虫宠盒中显得十分拥挤。孩子们决定给小虫们一个宽敞的"家"。用什么材料给毛毛虫做"家"更合适呢？孩子们展开了讨论。

佳佳说："用酸奶的包装纸盒子。"

小俣说："毛毛虫生长需要透光的盒子，选用纸盒子光透不进来。"

贞贞立刻响应："咱们班有废旧的干果桶，能透光，桶很深，毛毛虫爬不上来。"

桐桐："桶太深也不好，清理的时候手和胳膊都进去了，不方便清理毛毛虫的粪便。"

佳佳说："那就用一次性餐盒吧，透明的那种，跟小俣的虫宠盒很像。"

经过一番讨论，孩子们决定回家寻找透明的一次性盒子带到班中。

2. 怎样给"家"通风呢？

领养毛毛虫并给毛毛虫寻找合适的"家"的想法调动了家长参与的积极性，每位家长都积极地配合孩子寻找材料。第二天，大家带来各种各样的透明器皿，有圆形、长方形一次性餐盒，有保鲜盒，有装水果的四格盒子。小俣看着大家带来的"家"发现了问题："大家带来的盒子都没有孔啊！我这个虫宠盒是有好几个孔的，用来通风，否则毛毛虫就死了！"

怎样给盒子打孔，让"家"通风呢？大家纷纷开始寻找工具，有的找来剪刀，有的说用铅笔，有的拿来科学区的镊子，有的孩子到美工区找到毛根、半成品卡子，还有的孩子说要到户外去找木棍。倾听孩子想法的同时我也在思考，要不要直接把自己的经验告诉孩子。常理来说，肯定是不可能用毛根在塑料盒上打孔的，但是我还是忍住没有说。我想应该让孩子按照自己的想法试一试，孩子就是要在一次次试错中成长，那就把孩子带到大自然中寻找解决问题的方法吧。

博博："这个盒子太脆弱了，剪刀一扎就裂口了，看来不是很合适。"（见图 3-3）

图 3-3　用剪刀给"家"通风

老师："那什么样的盒子会更合适呢？"

博博想了想："应该再硬实一点，估计长方形的一次性餐盒会合适。"

老师："今天回家我也去找一找，如果有，我也带来跟你一起试一试！"

博博："我也回去再找找！"

瑶瑶："我用铅笔成功啦！"（见图 3-4）

瑶瑶："手得举高，对准盒子使劲向下插才行。刚才那样轻轻地，不大行啊！"一边的薛薛认真地看着瑶瑶咔嚓咔嚓地打孔，自己也想要试一试，两个人轮流完成给"家"打通风孔的任务。

图 3-4　用铅笔给"家"通风

　　彤彤和鸿鸿选择的是镊子，扎了好几次都没有成功，我刚要去帮忙，就听到了他们的对话。

　　彤彤："这个镊子头不够尖，所以扎不动，咱们在地上磨一磨吧，把头磨尖点儿。"

　　鸿鸿："在水泥地上磨吧。"打磨后的镊子果然锋利了很多，使劲一戳，通风孔出现了（见图 3-5）。

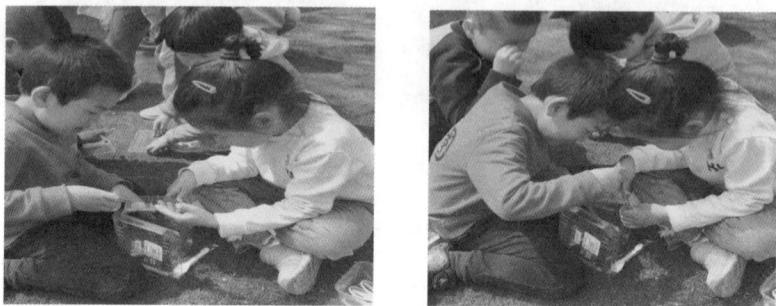

图 3-5　用镊子给"家"通风

　　也许是打磨的方式给予了大家新的启发，使用小木棍的戴戴开始用剪刀磨木棍的头，贞贞接过鸿鸿磨尖的镊子打磨木棍，最终成功在盒子上打了孔（见图 3-6）！

图 3-6 用木棍给"家"通风

坐在一边的旸旸，手里捏着毛根，一次次扎向盒子都没有成功，调整力度也没有成功；她尝试把毛根头部的毛揪下来，用剩下软铁丝的部分扎向盒子还是没有成功。从旸旸反复的尝试中，能看出旸旸对于毛根材质很软的特性是没有认知的，还可以看出旸旸对于用尖而硬的工具更适合打孔这件事还没有很好的了解。旸旸不断调整扎孔方式，我选择尊重她。当旸旸第六次尝试时，我担心她的耐心和自信心受到打击，便提出了自己的建议。

老师："为什么用剪刀就能很好地打孔，圆头的木棍磨尖了也能打孔，而毛根不行呢？"

旸旸："因为剪刀和木棍本身是硬的。"

老师："那现在咱们要选择调整工具吗？"

旸旸："我想把毛根变硬。"说着把毛根对折对折再对折，然后用另一根毛根缠绕。旸旸再次尝试，奇迹发生了，毛根把塑料盒扎出了孔（见图 3-7）！我惊呼地竖起了大拇指。

图 3-7 用毛根打孔成功

孩子们从寻找工具、使用工具，到改造工具、组合工具，最终通过努力打孔成功。我发现，孩子们就像小探索家一样，已经初步具备了通过自

101

主探究解决问题的能力。孩子们不仅能够坚持按照自己的意愿专注地完成计划任务，还能在过程中尝试合作、倾听同伴建议，遇到困难不断调整方式方法，即使失败也不放弃，积极反思原因，反复调整工具直到成功为止。这个过程也让我看到孩子们坚持不懈的学习力量，老师需要做的就是相信孩子是有能力的学习者，并且给予孩子足够的支持和恰到好处的帮助。

（三）与毛毛虫深相处

1. 安心做毛毛虫的铲屎官

做好"家"后大家开始每天照顾毛毛虫。一到自由活动时间或者散步时间，孩子们都会三三两两地来看一看自己的宝贝。毛毛虫很能吃，便便也会很多。怎样为毛毛虫清理便便成为我们遇到的新问题。

桐桐："毛毛虫的便便很小，用镊子可以夹出来。"

安安："我用筷子，把小小圆圆的像珍珠一样的便便夹出来。"

贞贞："这么小的颗粒，夹多费时间啊，还是用勺子盛的方法快。"

旸旸："我觉得用小笤帚、簸箕最方便，一扫便便全都能出来。"

孩子们有了自己的想法，那么，哪种工具操作起来最方便呢？我们在实际操作过程中对比一下才能够得出结论。我把大家的想法绘制成表格，表格内容分为三块：我的猜想、我的验证、我的小结。表格的出现也带给孩子们新的思考：自己选择的工具需要怎样调整？自己的工具怎样与他人的工具结合使用最方便？比如：安安和贞贞发现，单独使用筷子和勺子就不方便，如果先用筷子把毛毛虫盒中的枝叶夹出来，再用勺子清洁便便就很方便。使用笤帚、簸箕的旸旸发现，毛毛虫盒很窄，笤帚比较宽，盒子的角落还是使用小镊子清理得更彻底（见图3-8）。

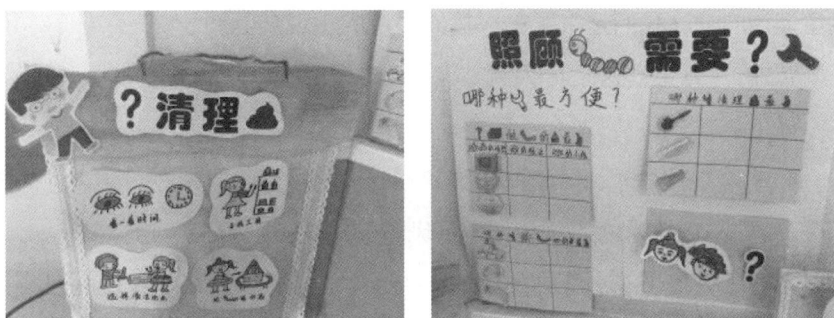

图 3-8　如何清理毛毛虫便便

在孩子自主发现、讨论、实践的过程中，我除了作为倾听者以外，还选择作为孩子的思路整理员，把孩子想到的、准备实施的、寻找到的材料整理在墙面上。我们经过讨论决定将这面功能墙饰放在离毛毛虫的"家"比较近的地方——楼道，这也是我为今后活动精心埋下的伏笔。因为即将踏入小学的孩子们需要更多的和他人交往的机会，楼道中不仅有同龄的小伙伴，还有中班的弟弟妹妹，醒目的设计一定会引起大家的关注，自然而然的分享就这样悄然发生了（见图 3-9）。

图 3-9　功能墙饰

2. 要让更多的人认识你

（1）储备满满的我们为什么"卡顿"了？

这段时间一直在默默关注我们的弟弟妹妹今天终于大胆走向哥哥姐

姐主动询问啦，我们迎来了第一拨同楼层的小观众。

妹妹："哥哥，这是什么啊？"

弟弟："姐姐，它怎么一动不动？"

妹妹："它们每天都睁着眼睛吗？"

贞贞："它是绿色的，它是大帛斑蝶的幼虫……嗯……嗯。"

面对班级孩子苍白无力的解说，我开始思考：为什么一直热情饱满、知识储备足够、体验感满满的孩子一下子词穷了呢？再次观察，我发现，短时间内的陌生感，还有面对突如其来的提问但没有准备都可能是导致紧张的原因。再有，孩子们短时间内思维组织的能力还有待提高，在充分地看、触摸、诉说、倾听等感官的刺激下，自己的思维表达还没有逻辑性也是导致一时无话可说的原因。

（2）打破介绍的固有模式，进行多感官沉浸式介绍

我运用问题引领的方法，调动孩子多感官感受毛毛虫，如在观察过程中听到什么、看到什么，触摸毛毛虫时有什么感受等，帮助孩子整理思路，梳理自己的经验感知，进而建立表达的自信。

老师："如果你是小小讲解员，可以从哪几个方面来介绍毛毛虫呢？"

桐桐："我可以从毛毛虫每天吃叶子来说，它吃叶子的时候还能发出咔嚓咔嚓的声音呢！"

茜茜："那我想介绍它的脚，它的脚上有像吸盘一样的东西，让它趴在墙上、房顶上都掉不下来。"

小俣："还可以向弟弟妹妹介绍毛毛虫的便便，它的便便没有臭臭的味道，而且颜色也不一样……"

老师："哦，你们讲得可真全面，不仅可以介绍毛毛虫的外形特点，还可以说一说它吃什么，怎样吃的；便便的特点，怎样用工具清理的。自己发现的、感受到的都可以作为介绍的点呀！"

老师："还有哪些发现可以介绍呢？"

贞贞："蜕皮，我看到毛毛虫蜕下来的皮啦！您看就在这里！"

旸旸："毛毛虫是大帛斑蝶的宝宝，也可以说。"

我把孩子说到的点运用简单的符号进行记录，从孩子的讲述可以看出，大家的思维越来越活跃，但介绍顺序需要我帮助梳理。

老师："看来我们可以介绍的点越来越多了，结合自己平时做自我介绍的经验，请你想一想，可以先介绍什么，然后再介绍哪些，能让小听众听得更清晰？"

旸旸："可以先介绍毛毛虫的名字，是大帛斑蝶的幼虫，再说一说它吃什么。"

佳佳："然后再说一说身体特点，还有蜕皮的现象。"

鸿鸿说："还可以提前问问弟弟妹妹都想知道什么，收集一下问题。"

老师："收集问题的确是一个很好的方法，收集过程中需要怎样记录呢？我们要好好想一想哦！"

我把孩子总结出来的介绍顺序运用简单图文进行记录，孩子运用绘画的方式在功能墙面进行展示。就这样，我们迎来一拨又一拨小听众。在没有听众的时候，孩子们还会主动到弟弟妹妹班去收集问题，问题多了记不住，自己就运用简单符号记录，回来整理好后继续展示（见图 3-10）。

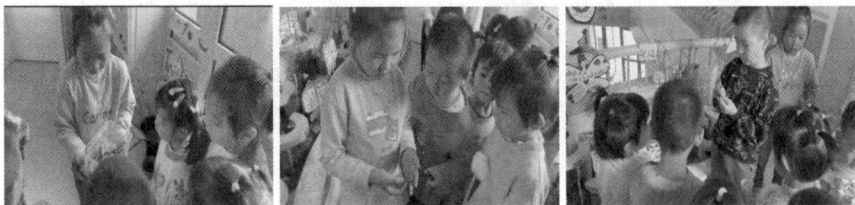

图 3-10　展示功能墙面

3.爱你就要大声说出来

（1）我要带你去旅行

春暖花开，幼儿园的小花小草也竞相绽放，孩子们纷纷讲述着自己的发现。这天，一向不爱表达的婷婷托着毛毛虫说："幼儿园的花开了，我想带着它去看看。"我说："好啊，那我们就带着毛毛虫去游园旅行吧！"这个提议引起了班级孩子的共鸣，我提出问题："去旅行我们都要准备些什么呢？"

婷婷："得带上纸笔，这样能记录它的样子。"

小俣："带遮阳的东西，如果花园里阳光太强也不行，它不喜欢太晒的地方。"

晨晨："带清理便便的工具，如果毛毛虫拉便便了，随时清理，妈妈遛狗的时候都会随时清理便便。"

彤彤："我想带个放大镜，如果它爬丢了我能找到它！"

我说："我要带上手机，随时给你们拍照，记录下你们和毛毛虫互动的精彩瞬间。"

确定好时间，准备好工具，我们的旅行就开始喽！

（2）旅行的精彩瞬间

孩子们自由组合，带着毛毛虫来到幼儿园的花园、草坪、绿茵长廊、小菜园、滑梯……凡是喧闹美丽的地方都有孩子们和毛毛虫的身影。

贞贞和博博把毛毛虫放在花朵里展开了讨论："它会吃花朵吗？"博博："估计会吃花蕊，花蕊看起来很好吃。"贞贞："那天采访，叔叔说它只吃新鲜的爬森藤。"

佳佳和晨晨把毛毛虫放在紫藤花的枝叶上："哎哟，它怎么掉下来了？这个小家伙真调皮。"

旸旸和凡凡把毛毛虫放在草地上，旸旸静静地看着毛毛虫，看了好一会后开始用笔记录毛毛虫的行动轨迹。凡凡笑着趴在地上看，小声说："哇！它在爬啊！它一扭一扭的，真软，我真想摸摸它。"可是凡凡仅仅说说而已，并没有真的动手触摸，看得出孩子是不忍心打扰小家伙。

来来和婷婷是两位比较安静且不善表达的孩子，他们把毛毛虫放在草地上："你看它们抱在一起了，真亲密！"来来趴在毛毛虫旁边："它们成为好朋友了，估计正在商量要玩什么游戏呢！"婷婷笑着："它们是不是准备进行爬行比赛啊！"说着两个人哈哈笑了起来（见图3-11）。

图3-11 带着毛毛虫旅行

孩子们置身于自然中，毛毛虫和身边的花草都是这么的灵动。在孩子的欢声笑语中，我看到大家对毛毛虫充满了爱，这份爱里不仅有不忍心打扰的忍耐，也有心甘情愿的照顾付出。这正体现了《幼儿入学准备教育指导要点》的精神："经常带领幼儿接触大自然，参加一些有意义的活动，帮助幼儿开阔视野，积累丰富的感性经验，培养广泛的兴趣。"

（3）我要为你写诗

孩子与毛毛虫的活动也牵动着家长的心。这天晚上，小俣的妈妈给我发来一段视频，视频中的主人公拿着自制取景框发现春天的美景。妈妈说："邬老师，我跟小俣模仿视频做了很多不同形状的取景框，带到班里和孩子们分享，也许能用得上。"

取景框的添加激发了孩子们大胆而美好的创意。这天，在小俣的提议下，我们再次带着毛毛虫和一系列工具来到大自然中，不同的是这次我们有了取景框。

　　小侯先把毛毛虫放在花朵上，然后把取景框架在自然景物中，彤彤看得几乎发呆了……

　　彤彤："毛毛虫，爬呀爬，爬到花朵上……"

　　老师："花儿怎样了呢？"

　　彤彤想了想："花儿弯弯腰。"

　　老师："哇！我仿佛都看到花儿弯腰的样子了。毛毛虫，爬呀爬，爬到花朵上，花朵弯弯腰。"

　　佳佳同样把毛毛虫放在花朵上："毛毛虫，爬呀爬，爬到花朵上，花儿微微笑。"

　　老师："呀，你们就是最棒的小诗人，一下编出两句诗啊！"我边拍手边有节奏地重复两句韵律十足的儿歌，这也激发其他孩子的创作灵感。

　　这时，晨晨看着取景框里的小草和毛毛虫说："毛毛虫，爬呀爬，爬到小草上，小草变小桥。"而把毛毛虫放在树干上的贞贞却说："毛毛虫，爬呀爬，爬到大树上，大树枝叶茂。"就这样，自然环境中的孩子们开始与实际景物碰撞出"火花"，迸发出优美的诗句（见图3-12）。

图3-12　带着毛毛虫游园作诗

　　回到班中，孩子们把自己创编的诗句用图文的形式记录下来，收录到录音书中。我想大自然就是最好的老师，孩子们身处自然之中，对自然的情感自然而然地就会流露出来。

（4）记录我们的故事

区域游戏时，小俣拿着观察记录本一直低头涂涂画画，我静静地走到孩子身边，看到画面中有一只毛毛虫，还有花朵、小草的场景，我想小俣是在绘制自己与毛毛虫的故事吧。小俣抬头看见了我："老师，这是我和毛毛虫的故事，我带它去花园，小花跟它打招呼呢。我还带它去幼儿园的草坪了，小草特别喜欢它！"小俣向我讲述他与毛毛虫旅行中的精彩瞬间。

区域点评时，小俣将他创编的故事讲给大家听。彤彤提议说："故事里还可以有其他的人物。"贞贞说："故事中还可以有更多的情节。"在小俣的带动下，毛毛虫与故事创编活动又在班级中掀起了热潮。"我带毛毛虫旅行时，毛毛虫看到了一架飞机飞过天空，它特别羡慕。于是毛毛虫就吃啊吃，最终破茧成蝶，自己也可以自由地在天空中飞翔了……"胖胖说。除此之外，孩子们还将毛毛虫和生活热点联系起来，创编了《毛毛虫和冰墩墩》《毛毛虫想飞上太空》等故事。孩子们把自己的故事绘制出来，有的孩子选择在表演区录音，有的孩子选择录制视频。我把这些珍贵的影音资料收集整理起来，放置在楼道里毛毛虫的"家"旁，弟弟妹妹散步时也可以听听哥哥姐姐们讲的故事，给予孩子们更多展示的机会与空间，也增强了孩子们的自信心，激发了他们的表达欲。

（四）化茧成蝶，展翅高飞

时间一天天过去，好饿好饿的毛毛虫逐渐安静下来。每周末，孩子们都会把自己的毛毛虫带回家照顾，不愿和可爱的小生灵分开一分一秒。

周末一早，天刚蒙蒙亮，我的微信铃声持续响起，打开手机，是小俣的声音："老师，就五分钟，真的就五分钟，我的毛毛虫就结茧啦！"

我立刻打开小俣妈妈发给我的视频，视频中一动不动的毛毛虫倒挂在枝头，先是头部长出一层黄色的薄膜，渐渐地，这层薄膜沿着身体包裹住全身。视频中小俣和妈妈轻声惊叹："天啊！妈妈，你看！它在扭动身体呢！它是不是疼啊？"妈妈轻声回应："估计是为自己高兴呢，自己马上就要进入新的阶段喽！"小俣又禁不住惊叹："哦哦哦！你看它扭动得更厉害啦，像跳街舞一样……"妈妈也时不时地感叹："没想到这么快就完成结茧了！真是太神奇了！"

小俣妈妈在微信中感慨："好久没有看到孩子这么静心地观察一个事物了，足足五分钟的时间，孩子连眼睛都不舍得眨，自己也是这样，为了见证生命的瞬间变化，我们把爸爸都叫起来了，真是特别感谢自己无意中周末的早起，习惯性地看了看毛毛虫，就这样发现了生命的奇迹。"

我把视频发到家长群中，一方面，让家长们感受生命的变化；另一方面，想温馨提示其他的家长，毛毛虫也许也会有结茧的变化。没想到视频一发出，换来的是孩子们的依依不舍。孩子们看到毛毛虫的变化，除了激动以外，也有了很多担忧与伤心。小俣说："我的'小太阳'再也回不来了，它要变成蝴蝶了……"一向不善于表露心声的婷婷说："天天陪我玩的'球球'不动了，它长大了……"

我没有想到孩子们会出现留恋的情绪，突然想到再过两个月，相伴三年的孩子们也将蜕变，像蝴蝶一样展翅高飞，飞向充满希望的小学，我也百感交集。

然而，成长的脚步容不得我们停留，我们的活动还在继续。毛毛虫陆陆续续结茧后还会有怎样的变化？结茧后我们要怎样照顾它？刚出生的蝴蝶还能放在盒子中吗？我们还将持续地进行探究，孩子们也在为之后的活动做着准备，我们满怀期待地等候着……

三、活动的特点及价值所在

（一）活动特点

1. 在自然中

爱默生说过："培养好人的秘诀就是让他在大自然中生活。"的确，大自然本身就是孩子最好的老师。《幼儿园入学准备教育指导要点》中也强调，在幼小衔接的过程中，培养幼儿学习兴趣的方式之一就是为幼儿提供广泛接触自然和社会的机会。因此，本活动以孩子们感兴趣的大自然为切入点，鼓励幼儿通过自己的观察和探究，对大自然产生广泛的兴趣，努力寻找答案。

2. 顺其自然

此次活动遵循了孩子们认知和学习的规律，通过直接感知、亲身体验、实际操作的方式，发现问题、解决问题，顺应毛毛虫成长的节奏，自然地生成了与之相适应的活动，促进了孩子们的深度学习和成长。

3. 自然而然

在大自然中的学习是自然而然发生的，鲜活的小生命胜过一切死板的说教。与毛毛虫朝夕相处的过程，自然地培养了孩子们的观察能力、探究能力和实践能力。小小的生灵也带给孩子们很多启发和灵感，不仅引起了他们强烈的好奇心，也增强了他们的想象力、表达力，更激发了他们的创造力。

（二）活动价值

"幼小衔接"不需要孩子提前掌握多少小学的知识，也不是简简单单通过一两次的活动带孩子认识小学就可以。"幼小衔接"是一项系统的工程，老师需要做的就是将《幼儿园入学准备教育指导要点》中的各项要求时刻装在心中，当孩子们出现兴趣或有实际需求时，能够随时给孩子一把推力。

幼儿的成长——在自然教育中渗透"幼小衔接"各项能力准备的探索活动。活动来源于幼儿的兴趣，每一环节，幼儿都带着强烈的好奇心和求知欲主动探究。在整个活动中，幼儿有充分的时间和空间与毛毛虫亲密接触，因此，幼儿能够专注持续地完成任务。每一次小活动前，幼儿带着自己的想法和收集到的资料进行集体讨论，分享自己的发现和观点，例如，选择什么样的材料给毛毛虫做"家"、怎样为"家"通风、怎样给"家"清扫等。在这一过程中还运用了做计划、前书写等方式，提供了录音书、电子设备等，提高了幼儿的倾听和表达能力等。另外，在与不同年龄的小伙伴交往时，能够与同伴协商合作解决问题，独立设计需要讲述介绍的内容，这些都是为步入小学做社会方面的准备。

老师的转变——在主题活动中进行师幼关系转变的一次实践尝试。本次活动改变了以往主题活动中老师预设活动多、幼儿生成活动少的情况，将活动的主动权还给了幼儿，幼儿是主角，老师是配角。幼儿用他们的热情和持续的探究，推动着整个活动的发展。老师学会退到幼儿身后，鼓励幼儿通过实践操作的主动探究获得经验。比如，当孩子在为毛毛虫的"家"打孔时，有的孩子选择用毛根在塑料盒上穿孔，老师并没有凭借自己的生活经验去制止，而是给予孩子尝试的机会，在遇到困难时，老师给予了建议，但是孩子仍然没有放弃毛根，决定把毛根折叠后再次尝试，老师仍然选择支持，最终孩子通过不断的努力获得了成功。相信这次坚持不懈的尝试一定会带给孩子面对困难的勇气，为以后的学习奠定基础。

家长的认可——这次活动充分调动家长资源，是实现家园共育的一次生动体现。在"幼小衔接"的过程中，少不了家长的支持和配合。本次活动由家长提供的教学资源发端，活动过程中，小小的生命不仅激发着孩子们的探究欲，也牵动着家长们的心。孩子们耐心地照顾，持续地观察，积极地想办法，也在悄无声息地转变着家长的教育观念。"幼小衔接"不仅仅是认识了多少汉字，会算了多少算数，在大自然中也能学习，而且能学到书本上无法找到的东西。孩子们的变化，也让家长们越来越意识到持续的学习力比知识更重要。家长们更加支持和配合班级的各项活动，与幼儿园合力为孩子们更好地学习助力。

枝丫间的蜗居

——我与小喜鹊的故事

执教教师：梅雪萌

一、活动背景

孩子们寒假回来发现，幼儿园里来了两位新朋友，它们每天忙忙碌碌，在幼儿园高高的银杏树上搭起了鸟窝，这下可吸引了小朋友们的目光，银杏树下也一下子热闹起来。孩子们对这两位新朋友充满了无限的好奇，六月说："你看小鸟的嘴里还叼着树枝呢！"蓓蓓说："它们在搭鸟窝，这里会是它们的家吗？"大象说："在这么细的树枝上搭鸟窝，会不会掉下来？"大家你一言我一语地说着。没想到一个小小的鸟窝竟引发了孩子这么大的兴趣，有的小朋友甚至从家里拿来了望远镜，观察这两只小鸟成了小朋友们每天最重要的事（见图3-13）。在孩子们讨论的过程中，我感受到了他们对鸟窝强烈的好奇心。《幼儿园入学准备教育指导要点》中学习准备部分提出："对大自然和身边的事物具有广泛的兴趣；对身边的新事物感兴趣，有强烈的好奇心和探究欲。"于是，我跟随孩子的兴趣点，积极鼓励他们观察探究，同时开展了一系列相关活动，这样我们与小喜鹊的故事就拉开了帷幕……

图 3-13 发现新朋友小喜鹊在幼儿园搭窝

二、活动实录

（一）幼儿园的新朋友

有一天，关于这两只小鸟到底是什么鸟，小朋友们发生了争执。彤彤："它身上黑黑的，是乌鸦吧！"西西："它肚皮白白的，尾巴长长的，是喜鹊，我在电视里看见过。"佳佳："它是麻雀吧，我们小区里有好多小鸟，我妈妈说那些鸟是麻雀。"彤彤："肯定是燕子，因为春天来了，燕子要搭窝了。"面对小朋友们的争执，我对他们说："你们有这么多的猜测，那这两位新朋友到底叫什么呢？你们有什么好的方法来了解它们吗？""我们可以看看鸟类的百科全书，我家有，我明天带来！""我们还可以回家问问爸爸妈妈。""还可以在手机里查一查。"孩子们想出了很多方法，于是我们决定一起去寻找这个答案。我在家长群里发了两只小鸟的照片，号召大家一起来认识这两位新朋友。没想到，第二天，孩子们就拿来了许多关于这两只小鸟的资料，原来它们是两只可爱的小喜鹊。我们一起分享了孩子们收集的资料，并开设了"小鸟天地"，把孩子们收集到的关于喜鹊的图片、资料、图书放在里面，还投放了录音书。

孩子们可以把自己了解到的关于小喜鹊的知识录进录音书，并能随时播放收听。"小鸟天地"里的游戏不仅培养了孩子们自主学习的能力，也提高了孩子们的口语表达能力。

小喜鹊在幼儿园里搭窝，给了孩子们近距离了解它们的机会。孩子们自主学习的兴趣被激发出来。他们有很强的表达和求知欲望，在遇到问题和产生争议的时候，能够主动去寻找答案，愿意与同伴交流分享自己了解到的知识。同时，也是这两只小喜鹊构建起了家长和孩子共同参与活动的桥梁，我们对这两位新朋友的探究也越来越深入。

（二）问题角的建立

随着孩子们对小喜鹊的关注越来越多，新的话题也越来越多："小鸟为啥会在这里安家呢？""它们是用什么方法来搭窝的？""它们的窝里面什么样？""它们会在窝里干些什么？""它们是不是结婚了？""它们会在窝里生宝宝吗？""它们的宝宝是什么样的？"面对孩子们一个接着一个的问题，我们决定在班里开辟一个问题角，把小朋友们的问题都呈现出来，共同寻找答案。

首先，我们对第一个问题展开了讨论：小喜鹊喜欢在什么样的环境里安家？菲菲说："我们幼儿园像花园一样，有好多的树，还有好多的花。"球球说："我发现小喜鹊总是向着我们幼儿园的小菜园飞去，小菜园肯定有它喜欢吃的食物。"铭铭说："我们幼儿园里的银杏树很高，它们在高高的树上搭窝，就不怕被人破坏了。"孩子们把自己的想法大胆地表达出来，还用画笔给我们呈现出喜鹊的美好家园。通过这些讨论，孩子们了解到保护环境的重要性，知道只有保护好生态环境，才会吸引更多的喜鹊来幼儿园安家（见图3-14）。

在这些关于小喜鹊的话题中，孩子们最感兴趣的还是喜鹊窝的问题。为了满足孩子的好奇心，我们组成了小喜鹊考察队，对喜鹊窝展开研究。

鸟的百科全书　　　　　　　　　　　树下观察讨论

图 3-14　对喜鹊的观察与学习

（三）揭秘鸟窝

1. 小朋友眼里的鸟窝

　　每天，孩子们都会站在银杏树下拿着望远镜仔细观察小喜鹊。日子一天天过去，我们也见证了小喜鹊忙碌的身影：每天穿梭于幼儿园的各个地方捡树枝。孩子们发现："喜鹊窝好像越来越密了。""它们叼的树枝也越来越小了。""喜鹊窝外面那层树枝又粗又长的，但是两根粗粗的树枝中间又夹了很多细小的树枝。""开始小喜鹊叼的树枝会粗一些，每个树枝都交错地搭在一起，缝隙很大，现在鸟窝慢慢变大，小喜鹊叼的树枝也变细了，缝隙也慢慢变小了。"六月兴致勃勃地把观察到的情况和小朋友们分享："我看到后来小喜鹊不知从哪里叼来一些羽毛。""我也看到了。"孩子们对于观察到的兴奋不已。终于有一天，小朋友们观察到鸟窝封顶了，有个小盖子，旁边还有一个圆圆的洞口，小喜鹊每天都会从这个洞口钻进钻出，但是鸟窝里面却什么也看不到了（见图 3-15）。

　　每天孩子们都细心地观察着小喜鹊搭建鸟巢的过程。孩子们把自己观察到的情况和同伴分享，感叹小喜鹊真是天生的建筑师。整个过程，孩子们始终兴趣盎然。我发现孩子们就像小小的探索家，通过自己的眼睛发现自然，了解我们身边这些可爱的精灵。

图 3-15　拿着望远镜观察鸟窝

2. 鸟窝初搭建

喜鹊筑巢的过程让我和孩子们感叹连连："小喜鹊的搭建本领太棒了！""我们也用捡到的树枝搭个鸟窝吧！这样如果它们有宝宝了也可以住。"有一天，琪琪提议道。这个提议得到很多孩子的应和："我们开始吧！先找些粗一点的树枝把最外面搭好！"经过一阵拼拼摆摆，鸟窝的最外层呈现了出来。"小喜鹊的窝刮风下雨都不怕，可是我们搭建的鸟窝碰一下就坏了，为什么呢？""可能是搭的方法不对吧！""我们再试一次吧！"经过又一次尝试，我们的鸟窝还是一碰就倒。我鼓励孩子们再次尝试。同时，我们也查阅了相关资料，了解到鸟窝结实的原因是喜鹊的口水有一定的黏合作用，所以它们的家可以抵御风雨。孩子们也意识到他们需要找到适宜黏合鸟窝的工具。我们用了胶棒、双面胶、白乳胶等黏合工具都没能把鸟窝的树枝黏合起来。一次次尝试后，我们使用了木工坊的UFO胶水。它不仅干得快还没有痕迹，很适合黏合鸟窝。鸟窝初具雏形后，孩子们又去找了些细小的树枝交叉放在两根粗树枝中间模仿着喜鹊筑巢。最后，孩子们又找来了棉花代替羽毛保暖。在户外游戏时，孩子们把做好的鸟窝放在幼儿园的苹果树上，等待小喜鹊们入住新家。

从寻找适宜的黏合工具到黏合成功的过程，孩子们就像小探索家一样，初步形成了通过自主探究解决问题的能力。孩子们不仅能够坚持完成一件事，还能在搭建鸟窝过程中尝试合作，倾听同伴建议，遇到困难不断调整方式方法。即使失败也不放弃，反复调整黏合工具直到成功为止。这个过程让我看到孩子们坚持不懈学习的力量，老师需要做的就是相信孩子是有能力的学习者，同时也要给予孩子足够的支持和恰到好处的帮助。

（四）蛋蛋奇遇记

进入了四月，天气开始慢慢地热了起来，茂密的树枝遮挡了喜鹊的家。一次足球课后，孩子们休息之余，偶然间发现了散落在树下的两颗蛋，我们对这两个"小家伙"产生了强烈的好奇心。赞赞说："这是什么蛋啊？好奇怪，怎么会落在这里呢？"大象说："它还活着吗？我们怎么帮助它们呢？"张寒说："它们一定是跟妈妈走丢了，好可怜。"蓓蓓说："太开心了，我们可以把它们带回班里！然后把它们养大了，再还给鸟妈妈。"于是，我们与蛋宝宝的故事就开始啦（见图3-16）！

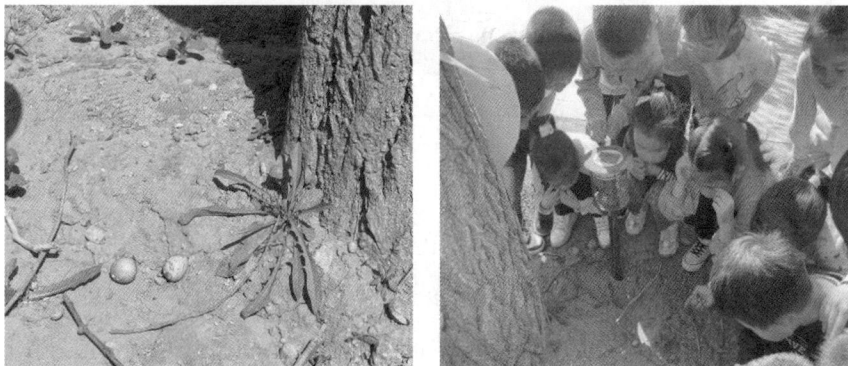

图 3-16　观察蛋宝宝

1. 护蛋分队——怎么把蛋宝宝带回去呢？

孩子们讨论着怎么把蛋宝宝带回班级，有人说："蛋宝宝很小很脆弱，它特别容易碎。"我听到了大家的好主意："我们找个纸盒子吧，这样更安全。""可以把我的小书包拿来放鸟蛋。""拿我的外套吧。"孩子们自由结伴，有的去一层的班级借了些纸巾，有的去班里美工区找来了纸盒子。猜猜把自己的小书包拿了出来，赞赞也拿出衣服。回班后孩子们小心翼翼地拿出了蛋宝宝。很可惜放在纸盒里的蛋碎了。"为什么会碎了呢？""可能是路上震碎的。""纸盒太大了，蛋在里面一直晃。""我们得用软的东西来保护它，还不能乱动，像我的衣服包住了蛋宝宝，放在书包里，这样蛋宝宝就好好的。"大家找到了棉花、手纸、衣服、黏土等。于是，孩子们积累了护蛋方法，并找到了生活中常见的材料进行尝试。同时，我也将孩子们的好方法、新经验进行了梳理。

图 3-17　护蛋小分队

2. 它到底是谁的宝宝？

树下发现的蛋宝宝，让孩子们的幼小心灵第一次有了对生命降临的触动。"这到底是谁的宝宝呢？"孩子们仔细地分析着。"应该是喜鹊的宝宝吧，因为蛋就在喜鹊窝下。""也有可能是鹌鹑的吧，这个蛋好像鹌鹑蛋呀！"午休过后，我找来喜鹊蛋的图片邀请孩子们和我一起来分析（见

图 3-18）。"喜鹊蛋的花纹和我们今天捡到的蛋的花纹特别像！""大小、颜色好像也差不多。"孩子们也认同它就是喜鹊的宝宝了！

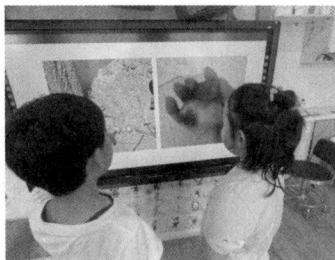

图 3-18 通过图片进行对比

3. 我们应该怎么孵化呢？

邢承告诉我们："我家里孵过小鸡，蛋宝宝需要合适的温度才能孵化呢！我们家里用的是一种孵化器，它能保持一定的温度，让小鸡慢慢孵化出来。"听了邢承的话后，孩子们找到我："梅老师，幼儿园有孵化器吗？您能帮我们借来吗？""没问题呀，我也很期待这个小生命的诞生呢！"大家听过邢承的话后，都知道小鸟蛋要保温才可以孵化。临放学前孩子们拿来美工区的棉花把鸟蛋严严实实地围了起来，小心翼翼的样子透露着对新生命的期待。

第三天，安安主动和好朋友谈论起了喜鹊蛋的孵化温度和条件，我见状邀请安安和大家分享。原来喜鹊宝宝的孵化温度要保持在 37.8℃，大概 17 天我们就可以和喜鹊宝宝见面啦！我和孩子们一起把孵化器进行了组装，把温度调成了 37.8℃，这下蛋宝宝就可以安心地住进去了（见图 3-19）。

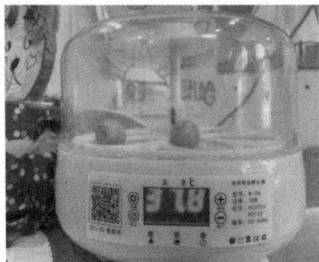

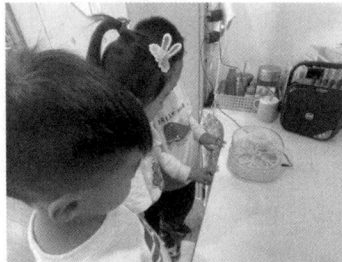

蛋宝宝住进了新家　　　　每天关注蛋宝宝的变化

图 3-19 孵化蛋宝宝

接下来的每天，孩子们都会利用空余时间和蛋宝宝聊聊天打打招呼，大家对这个素未谋面的鸟宝宝的感情越来越深了。

4. 鸟宝宝孵化这段时间我们能做些什么呢？

哥哥说："可以先给它们做个房子，这样小鸟生出来就有地方住了！"欣元说："我们每天来看看它俩，保护着它们别受伤就行了！因为它们太小太脆弱了。"然然说："我们再找些保暖的材料，小鸟生出来就不怕冷了！"听孩子们这样说着，我也对小生命产生了无限的向往。我们也制作了17天的出生日倒数卡，还让孩子们和爸爸妈妈在家自制了小鸟窝。

等待的时间很漫长，孩子们却格外耐心，巡视孵化箱成了生活的一部分。在这个过程中，大家了解了孵化小鸟的各个阶段，他们幼小的心灵第一次有了对生命降临的触动。在孩子们眼中，世界总是奇妙的。老师抓住他们的疑问与兴趣点，一起探索喜鹊蛋孵化的过程。在每天的守候中，他们通过孵蛋猜想、精心呵护、轮流照顾、仔细观察等方式，进一步感受蛋宝宝在孵化过程中的变化，在获得新知识的同时，也感受到生命的奇妙与守护生命的喜悦。每一个生命都值得期待。

5. 反思与总结

孩子们与小喜鹊的故事饱含着他们对大自然的无限向往和探索欲望。孩子们对小学的向往也应该是发自内心的。作为幼儿游戏活动的支持者，我们应该紧扣"幼小衔接"《幼儿园入学准备教育指导要点》内容，结合幼儿的兴趣点和需要开展活动。寒假后，一对新朋友的到来点燃了孩子们的兴趣点。在这段时间的活动中，孩子们总能给我带来意想不到的惊喜，如：孩子们会非常专注地观察小喜鹊搭窝的过程，会为小喜鹊搭建新家，会和爸爸妈妈一起交流分享在幼儿园的所见所闻并一起查阅相关材料。虽然在这个过程中我们遇到了很多的困难，但我们在一次一次不断反复尝试中，寻找到了好的方法。小朋友之间学会了相互合作、一同克服困难，同时也大胆地表达出自己的真实想法。这次活动，我们让孩子走进自然、接触自然、亲近自然，让孩子做游戏真正的主人，把游戏的权利交给孩子，使孩子的专注力、口头表达能力、交往合作能力有了显著提升，为孩子进入小学生活奠定了一定的基础。其实，"幼小衔接"最重要的是引发孩子学习的兴趣，兴趣可以激发孩子无限的探究欲望，是孩子们学习的最大推动力。

春天，我们共赴"花"样童年

——大班幼儿与花朵的主题游戏活动

执教教师：杨淼

一、活动背景

幼儿园大门口的桃树开花了，引起了幼儿的围观和讨论。"哇！快看啊，桃花开啦，可真好看啊！""桃花可是最先开的花呢！""咱们到树底下去看看桃花吧，看它长成什么样子了。"从幼儿的话语中可以看出，他们对春天的花朵产生了很大的兴趣。

春天是幼儿感受自然、亲近自然的大好时光。迎着温暖的春风，幼儿真切地感受春天的气息，细心观察着眼前的一切。花更是大自然馈赠给人类最好的礼物，它以缤纷烂漫的色彩冲击着我们的视觉，它以千姿百态的造型向我们展示着风采，更以独特的言语向我们诉说着它动人的故事。

来吧，与大（二）班的小朋友一起，赴一场花香四溢且浪漫的约会吧！

二、活动目的

"让幼儿回归自然的环境，让教育回归真实的生活"，这是《幼儿园教育指导纲要》中所蕴含的理念。因此，我决定呵护幼儿对自然的好奇心和探索欲，以自然环境中的花朵为媒介，通过一系列游戏活动，支持幼儿对花朵的持续探究行为，感受大自然的美好与神奇，实现对自然信息的采集、整理、编织，从而培养他们持续观察、有计划地进行图文记录、围绕问题深入探究、为实现集体目标有效合作的良好品质，为进入小学后的学习、生活打下基础，逐步做好身心各方面的准备。

三、过程与实施

（一）桃花朵朵开

片段1：画桃花

对于春天的期待，从一朵花的绽放开始。

孩子们发现幼儿园大门口的两棵桃树开花了，特别兴奋，迫不及待地想要去欣赏桃花，这也是近期幼儿讨论最多的话题。

阳阳："我早上来幼儿园的时候，看见门口的桃花开了。"

昀昀："我也看到了，粉粉的小花，特别的漂亮！

兮兮："我也看到了，好想再去看看啊！"

佳一："老师，我们去看看大门口的桃花吧！"

在兴趣的带领下，我们展开了一次户外观赏和写生活动。孩子们很期待，争先恐后地提出问题……

佳一："老师，什么是写生呢？"

大赫："老师，那么小的一张纸，怎么才能画下那么多的东西呢？"

沐菡："老师，我学过写生，我给大家说说吧。"

于是，我让沐菡在写生前给大家做了分享，并解答了其他幼儿提出的问题。通过探讨学习，幼儿了解了什么是写生、写生活动的步骤以及基本要点。幼儿对于写生的兴趣高涨！

随后，我们的写生活动正式开始。阳光明媚，幼儿坐在桃树下，用小手摆出取景框。小小的取景框，收集着大大的惊喜。幼儿将观察到的桃花用画笔描绘下来。暖暖的阳光洒在身上，孩子们感受着春天在悄悄地到来……

大赫："桃花像一个个花仙子。"

轩轩："桃花像一个个穿着粉色裙子的小女孩儿。"

阳阳："花苞更像是一个害羞的小姑娘！"

沐菡："桃花像是一个粉嘟嘟、羞答答的小姑娘。"

老师："哇！你们说的句子都太生动，太棒啦！"

在我的鼓励下，其他幼儿也尝试说出了形容桃花的句子，每个孩子都是春天里的小诗人。

绘画过程中，我看见雨晴迟迟不动笔，我过去鼓励她说："雨晴，你观察到了什么？"雨晴用手比出了一个取景框，对我说："我看到了花朵，我想画那朵花。"我说："可以啊！你试试将自己看到的花朵画在纸上，可以吗？"雨晴点点头，开始了绘画。

写生过程中，我会引导幼儿学会观察，抓住事物的主要特征。有的幼儿从整体到局部，将大树以及花朵都画了下来；有的幼儿只画了花朵的部分；有的幼儿画了一根树枝以及上面的几朵花朵；还有的幼儿将周围所见的事物都画了下来。我觉得这些都很有意思，不去限制幼儿，让他们尽情地去画，去表现特有的风格（见图3-20）。"这个世界不缺少美，只是缺少发现美的眼睛。"我们的职责就是保护好幼儿发现美的眼睛与善于思考和创作的头脑。

片段2：当雪遇到花

过了几天，令人没想到的是，在春日暖阳里我们迎来了一场雪，雪与花相遇了。

阳阳："老师，春天怎么还会下雪呢？"

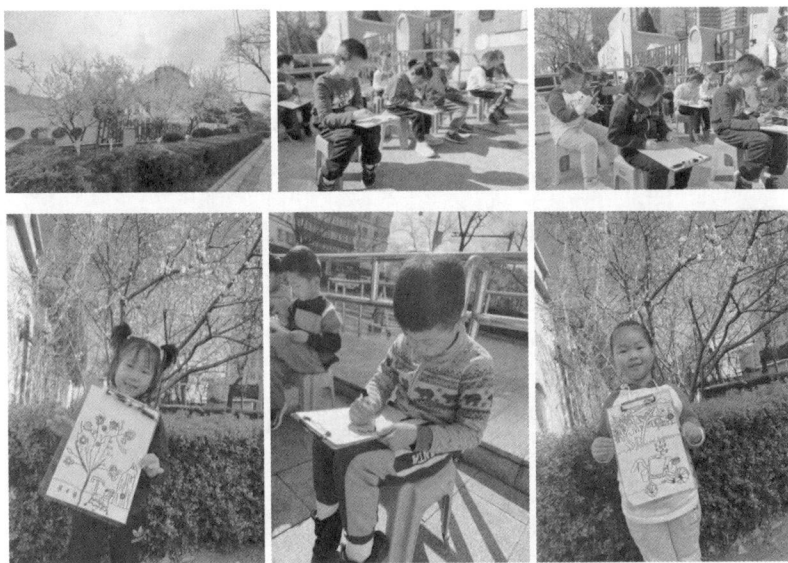

图 3-20　桃花写生

暄暄："那就是春天还没有到，现在还是冬天呢！"

佳一："不对，现在就是春天，桃花都开啦！"

他们的对话引起了全班幼儿的关注。于是，我们一起展开了讨论。通过收集各种资料，查找了很多有关春雪的小知识。

恬恬："我妈妈说，春天下雪了是倒春寒！"

福森："老师，我知道春天下雪了，出现冷空气，不容易生病。"

老师："你们的想法都非常好！我们一起来看看春天到底来没来。从中国传统节气上说，从立春起，春天就到了！从气象学上说，连续五天的日平均气温都在 10℃ 以上，春天才算到了。所以现在春天已经到来，但是冬天还未走远，今天就是冬雪和春花共同绘出的美丽景色。春季也是一个疾病多发的季节，如果出现倒春寒，有降雪，那么在气温上升的同时会有寒流，这样会抑制细菌繁殖，减少疾病的发生。"孩子们若有所思地点点头。

　　我带着孩子们来到"戴"雪的桃树旁边。面对这样的美景，沐菡突然说出了一句："人间四月芳菲尽，山寺桃花始盛开。"阳阳说："好雨知时节，当春乃发生。随风潜入夜，润物细无声。"

　　不一样的景色再次激发了幼儿想要用画笔把美景记录下来的念头。幼儿将观察到的雨雪中的桃花描绘出来，就连花朵上的雨珠也被细致地记录下来。绘画贵在感受和享受美景。幼儿拿着自己的作品，来到阳台上，与雪景打卡合照，收获了满满的快乐（见图 3-21）！

图 3-21　桃花写生与雪景合照

（二）花树开花了

　　随着春天的到来，幼儿园其他的花树也悄悄地发生变化。幼儿对于各种花产生了浓厚的兴趣。有的孩子捡拾花瓣，有的孩子在花树下驻足观察，还有的孩子通过手工制作表达自己对花朵的喜爱。于是，我们开展了一次关于花树开花的家园共育活动。

　　首先，由家长和幼儿共同收集关于不同花树花期及特征的信息。其次，利用周末时间，家长和幼儿在小区和公园内观察花树，验证之前收集的信息，并拍下照片在班级群中分享打卡，使幼儿能够了解并认识更多的花树。最后，幼儿在树下收集花瓣，带到班级中与其他幼儿分享，并制作了香薰蜡片、书签以及装饰品。

片段 1：什么花树开花了呢？

近期，幼儿每天都会到小树下仔细观察，期待它们能早点发生变化。一次户外活动时，恬恬指着高高的玉兰，兴奋地对我说："老师您快看啊，玉兰冒出小芽了。"

清明假期过后，孩子们再一次来到花树下时，这里已经是一片不一样的景色了。

熙熙说："快看啊，梨树开花了，是白色的小花，有五个花瓣。花蕊是绿色的。"阳阳把鼻子凑上去，闻了闻说："咦，梨花没有香味。"妹妹来到海棠树下说："哇，海棠花真漂亮啊！粉粉的花、绿绿的叶子。"沐菡说："海棠花有很多花瓣，里面的花蕊有一个挺得直直的。"恬恬说："我也觉得海棠花很漂亮，但是玉兰花更加漂亮，花瓣很大。"然后她捡起地上的一片玉兰花瓣摸了摸说："花瓣厚厚的。"青杉说："我觉得樱花最好看了，一团团的，粉粉的，感觉毛茸茸的。"

通过与家长一起搜集花树资料，幼儿对花树的变化充满期待。我们借助户外游戏时间对花树进行细致观察，支持幼儿近距离地、持续地感知花树的变化。

片段 2：如何记录不同花树的生长变化及花期呢？

孩子们开始用不同的方式记录不同花树的生长变化以及花期，幼儿在亲身体验中，找到更加适合自己的记录方法。他们将自己观察到的现象用拍照、录像的方式记录下来。但是，如何才能呈现出所有幼儿观察到的结果呢？

阳阳："我的办法就是把所有小组的观察记录结果都贴在墙上，大家就能看得到了。"

沐菡："我觉得这个办法不好，太乱了。"

福森："那就按小组分，一个组的放在一起就行啦！"

恬恬："这样也不好，那就看不出来哪个组观察的是什么树了。"

经过幼儿的一番激烈的讨论后，我把幼儿想出的方法都记录了下来。我也说出了我的想法。为了更加直观、具体、一目了然地进行观察、理解和比较，我提出能否利用统计表的形式呈现出所有组别幼儿的观察结果。

佳一："统计表？是跟我们记录天气预报的形式一样吗？"

童童："统计表就能放进所有小朋友观察的结果吗？"

阳阳："好想作一个花树统计表啊。"

恬恬："那花树统计表怎么用呢？"

我的提议引起了幼儿热烈的讨论，大家对花树统计表的建立表示非常赞同，都迫不及待地想要去尝试使用了。于是，我们找来制作材料，用麻绳在墙面上绘制了一个统计表……

童童："这是我们桃树组统计的，看，桃树是咱们幼儿园最早开花的。"

恬恬："我是樱花树组的，这两周的统计发现樱花从四月就开始开花了。"

华翀："我是玉兰花树组的，玉兰花也是在四月开花的。"

老师："哇，大家都是认真的统计小能手啊！根据大家的统计我们发现，大部分花树都是四月就开始发生变化了。接下来还会有怎样的变化和惊喜呢？我们拭目以待吧！"

幼儿在使用统计表时，要对应日期，将不同的花树分类并放入相应的格子里，将标题、横行、纵栏、颜色、数字等一一对应起来。开始时，我会和幼儿一起统计，将拍好的花树照片提前放在统计表里，为幼儿做引导；然后，他们再将记录的花树变化情况放进相应的表格里；最后，请每个小组进行介绍。慢慢地，幼儿熟悉了统计表，他们按照自己选的花树分组并分工合作：谁来画？谁来记？遇到问题时，小组内协商解决。全部过程都由幼儿来完成。

　　在此基础上，幼儿会继续向统计表里添加新的信息，例如：将自己观察的日期写下来附在图片旁边，不断完善统计表，不断丰富观察到的信息（见图3-22）。

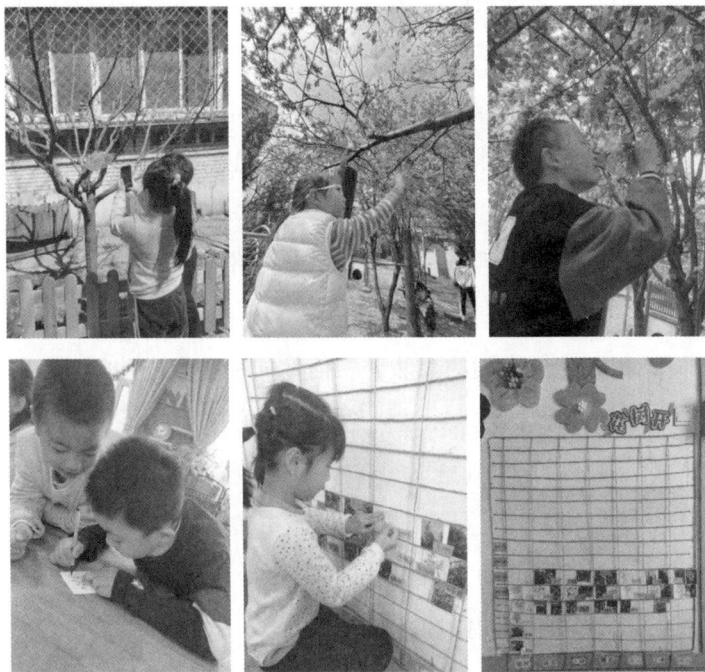

图3-22　记录花树变化，填写统计表

（三）赏春路线图

片段1：绘制赏春路线图

　　随着幼儿园的花朵相继开放，我们的幼儿园越来越美丽。幼儿每天都想去观赏花，讨论最多的也是哪里的花朵开了，想要去观察。一次美工活动中，沐菡在纸上将这些小花的位置画了下来。

沐菡："你们看，这是我画的幼儿园里所有地方的花树。"

昀昀："你没有画全，这里应该画上中庭，那里有好多的玉兰花和丁香花。"

恬恬："那应该把后院的樱花也画上。"

兮兮："卷龙爬网那里还有梨树和玉兰树呢。"

沐菡："但是，我的纸就这么小，怎么画得下呢？"

昀昀："那还不简单，咱们换一张大纸吧，这样就可以把幼儿园里所有地方的花树都画下来了。

老师："你们的想法特别好，画出来后就是我们幼儿园的赏春路线图了。"

沐菡说："那简直太棒了，我们一起来画路线图吧。"

其他幼儿也欢呼着，表示很愿意尝试。

老师："我很支持你们的想法，相信你们一定会成功的！"经过我的一番鼓励，他们干劲十足。经过讨论，孩子们决定分工绘画，每个人画出一个地方，画好后互相分享。

昀昀："你们快看，这是我画的幼儿园主楼。"

恬恬："这是我画的幼儿园东楼。"

佳一："我画幼儿园的操场。"

这时，沐菡不好意思地跟我说："老师，我想画爬网前面的木长廊，可我不知道怎么画得像呀！"我看了看她的画，说："你画得很好啊！咱们的木长廊是由木架和下面的长椅、花坛组成的，你可以在你绘画的基础上继续添画，我相信你没问题的。"沐菡点点头，继续绘画。

幼儿画好后，将其剪下来。最后一步就是将这些位置共同拼贴在一张大纸上。在拼贴的过程中，新的问题出现了。幼儿出现了争论。

兮兮："这里不对，这里应该是四棵树。"

昀昀："不对，是三棵树，没有玉兰树。"

兮兮："不信，咱们去问问老师，就知道到底是几棵树了。"

于是，我建议他们在户外游戏的时候再去看一下，记住有几棵树，都是什么树，开的花朵是什么颜色的。幼儿同意了我的建议，他们在观察的时候，一棵一棵地数着，并且将这些树以及位置都拍了照片。回到班级后，他们根据照片摆好位置。我赞扬了他们，并在区域游戏后邀请昀昀进行分享。其他幼儿遇到同样的问题时，也按照这个方法自己进行解决。最后，他们将画好的位置全部拼凑起来。经过一周的时间，大赫告诉我赏春图完成了。我顺着他们赏春图的路线一边欣赏一边说："幼儿园所有的地方都在上面了吗？怎么知道是所有地方呢？"

兮兮提出来："咱们可以对照幼儿园的平面图检查，看还缺少哪里，再继续补充。我爸爸是建筑师，他就有好多平面图。"大家都很赞同她的方法，拿着幼儿园的平面图进行比对。

昀昀："哎呀！我们忘记画幼儿园的后院了。"

兮兮："我看看，哎哟，还真是，后院的樱花树、苹果树都忘了。"

沐菡："那怎么办呢？"

看到像泄了气的皮球一样的孩子们，我对他们说："你们还想画后院吗？"他们异口同声地说："当然想啦！这可是赏春路线图，不画出后院来，大家就看不到后院的花树啦！"我说："这很简单啊，你们画下来后，可以找一个更大的背板，把这一部分补充上去。背板我可以帮助你们去寻找，怎么样？"听到我的想法后，他们互相看了看，点点头，脸上露出了笑容。他们画出后院的木房子和玩具架，用木棍裁成小段，做成花树的木栅栏，就这样，一幅完整的赏春路线图就做好了。

片段2：介绍赏春路线图

幼儿争先恐后地在班上介绍了他们的路线图，得到了同伴的掌声和赞扬。

恬恬："老师，我想把这个赏春路线图介绍给别的班的小朋友。"

兮兮："我们可以拿着赏春路线图去每个班里做介绍啊！"

昀昀："啊，这么多的班，我们怎么介绍啊！"

老师："你们的想法特别好，我也想把赏春路线图分享给幼儿园里所有的小朋友。我想到了一个办法，下周一正好是咱们班升旗，借助这个机会，我们向幼儿园所有的小朋友以及老师介绍我们的赏春路线图，你们觉得可以吗？"

我的话音刚落，孩子们就欢呼雀跃起来。他们一边跳一边说："太好了，太好了，可以介绍赏春路线图喽！"

周一的升旗仪式，幼儿自信地将赏春路线图介绍给幼儿园其他的幼儿以及老师。这次介绍，大大增强了大（二）班的孩子们的自信心、自豪感以及集体荣誉感，同时也激发了幼儿想要当幼儿园赏春小导游的愿望。于是，我们分组进行活动，让每名幼儿都能当上小导游。

每次户外活动时，大（二）班的孩子们都会带上赏春路线图，选择自己的点位向小朋友们介绍。听，他们又在介绍呢……

昀昀："大家好！我是大（二）班的小朋友昀昀，我向大家介绍的是我们幼儿园爬网区的花树。这里是一片洁白的玉兰花海……"

阳阳："大家好！我是大（二）班的小朋友阳阳，我向大家介绍的是我们幼儿园东操场的栀子花树……"

兮兮："小朋友们好，我是大（二）班的小朋友兮兮，我想向大家介绍我们幼儿园的后院，这里可是我们的网红打卡地哟……"

就这样，幼儿按照自己画的赏春路线图，带着小、中班的弟弟妹妹们进行了赏花活动。他们边走边背近期学到的古诗："草长莺飞二月天，拂堤杨柳醉春烟。儿童散学归来早，忙趁东风放纸鸢。"非常惬意和欢乐（见图3-23）！

图 3-23　制作、展示赏春路线图

（四）留住春的美好

片段 1：制作照相机

春天的美景令人陶醉，我们想要留住春天，留住美好！于是，在班级的角色区——留影馆，我们开展了"留住春天"的活动。幼儿在户外游戏时，用手机、相机进行拍照，随后打印。

　　班上只有 2 台相机，孩子们都想尝试拍照。菡菡和暄暄提出要自制相机。她们从美工区找来白纸，在上面画上相机的轮廓，然后涂色、进行装饰，最后将相机剪裁下来。镜头的地方还需要进行镂空剪裁，需要幼儿更加细心、耐心，手部动作更加灵活、准确。就这样，相机制作完成了，但是新的问题出现了……

　　沐菡："啊！暄暄，我的相机太软了吧，根本拿不起来。"

　　暄暄："我的相机也是这样，因为这个白纸太软了。那怎么办呢？"

　　沐菡："我知道办法了，我们把这个相机用塑封膜塑封一下就好了。"

　　沐菡："老师，这个相机我们需要塑封起来！"

　　我拿来塑封机，和他们一起将相机塑封好。他们需要再一次对相机进行剪裁。由于塑封后，对需要镂空的地方剪裁有些难度，我提醒幼儿注意安全，不要划到手。然后我对幼儿说："除了纸张，你们还可以找一找其他什么材料制作相机呢？"

　　暄暄："那我要找一些硬的纸了。什么纸呢？"

　　沐菡看到窗台的酸奶盒说："我们用纸盒吧。"于是他们将酸奶盒拆开，在上面画下相机的轮廓，继续涂色、绘画、装饰，最后剪下来并镂空出镜头部分。就这样，相机做好了，他们兴奋地拿给其他幼儿看（见图 3-24）。大家很羡慕他们制作的相机。区域点评时间，我请他们把制作相机的方法分享给全班幼儿。

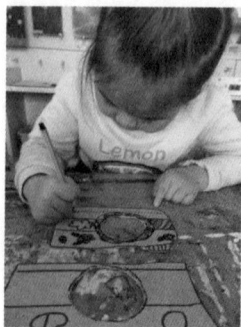

图 3-24　制作相机

片段2：留住美好

（1）"花"点时间，为你拍照

户外活动时，幼儿在拍照的过程中充分感知并发现春天的美景。他们一边拍照欣赏，一边讨论着……

森森："看我拍的花朵多好看啊！"

涵涵："快看啊，我拍的紫藤花真好看！"

赫赫蹲下身来，观察着什么，他说："看，这里有只小蚂蚁，我要把它拍下来。"

嫣嫣："看啊！我拍的地上的花瓣也很好看！"

昀昀："涵涵快来，我们给花树拍一张照片吧。"

佳一："赫赫，我想请你给我和玉兰花树拍张照！"（见图3-25）

当我看到幼儿满心欢喜地拿着自己制作的相机，兴高采烈地为自己喜欢的花朵、树木、景色等拍照，同伴间有说有笑时，我发自内心地笑了。大自然就是最好的授课老师。幼儿徜徉在自然中，体悟着人与自然、人与他人、人与自我的和谐共生。

（2）春景宜人，为你写诗

幼儿一边欣赏着春天的美景，一边讨论着有关春天的话题，他们认为春天是多彩的……

恬恬看到粉色的桃花，说："春天是粉色的！"

阳阳看到紫色的丁香，说："春天是紫色的！"

雨晴看到蓝蓝的天空，说："春天是蓝色的！"

轩轩看到绿绿的小草，说："春天是绿色的！"

沐菡笑着说："那春天到底是什么颜色的呢？是五彩的吧！"

于是，我与幼儿一起将他们说的话用文字的形式记录下来，组合在一起编成了一首简单而美丽的小诗，名字叫《五彩的春天》。

图 3-25　为花朵拍照留念

春天是粉色的……

春天是绿色的……

春天是紫色的……

春天是蓝色的……

噢，原来春天是五颜六色的！

我爱这五彩的春天！

就这样，幼儿在大自然中，在美丽的春景里，抒发着自己的情感，表达了对春天的喜爱（见图3-26）。

图 3-26 五彩春天里的合影

四、活动反思

（一）活动特点

1. 回归自然——本真教育

《幼儿园入学准备教育指导要点》中强调，在"幼小衔接"的过程中，将入学准备要点渗透在幼儿的生活和游戏中；培养幼儿学习兴趣的方式之一就是为幼儿提供广泛接触自然和社会的机会。因此，此次活动结合春天的季节特征，带领孩子们到大自然中去，让他们在大自然的怀抱中尽情地去欣赏、去观察、去发现、去体验，去自由地表达，让孩子们在自然环境中获得身心的成长。

2. 遵循天性——助力成长

在"花朵"主题游戏活动中，我保护幼儿对自然植物的好奇心和求知欲，接纳、鼓励幼儿对各种花树的观察、提问等探究行为，避免简单打断或否定幼儿的奇思妙想；提供充足的时间、丰富的材料（写生、户外游戏）支持幼儿进行持续、深入的探究，寻找问题的答案；接纳幼儿不同的想法，在幼儿与别人的观点不同时，鼓励他们敢于提出质疑并陈述自己的观点。幼儿在被尊重、被认同、被释放中获得成长。

3. 寓教于乐——自然衔接

将幼儿入学准备要点巧妙渗透在自然游戏中，因欣赏桃花而写生，让幼儿在观察、认识、表现事物的过程中感受自然以及花朵的美丽，增强幼儿对美的感受力；观察花期并进行统计，支持幼儿观察、分类和比较，将自己观察到的花朵变化用笔和纸进行记录，培养幼儿前书写能力以及与书写有关的态度、情感、行为技能等，丰富前书写经验；欣赏美景并规划赏春路线图，不仅强化了小组间的分工合作，更发展幼儿的方位认知以及口语表达能力。贯穿其中的，是教师鼓励幼儿有计划地做事情，并发展其主动学习、连续观察和深入探索的学习品质，学会小组学习和合作，培养幼儿入学所需的关键素质，实施有针对性的入学准备教育。

（二）活动价值及下一步发展的可能性

活动始终坚持以幼儿为本，尊重幼儿的原有经验和发展差异，帮助幼儿做好身心的全面准备和适应，培养有益于幼儿终身发展的习惯与能力。

1. 在大自然中以美育德

此主题中，通过户外观察、写生、手工、为花拍照、为花写诗等活动，充分引导幼儿用自己的双手、双眼和心灵观察美、欣赏美和表达美，提升了幼儿的审美能力，培养幼儿对美的感受力和表现力，激发幼儿美好的情感。鲜艳的花朵、青青的草地、蔚蓝的天空……这些自然中的色彩、形态、芳香，都对幼儿产生很大的感染力。他们自然而然地萌发了热爱大自然、爱惜花朵之情，陶冶了情操。对古诗词的诵读，更是使幼儿了解传统文化，感受到文化的魅力，爱上传统文化，培养了民族自豪感和爱国情感。

作为老师，要做教育的有心人，拥有一双发现美的眼睛，带着幼儿不断地发现身边的真善美，鼓励幼儿用自己喜欢的方式记录每一天的美好！记得有句话是这样说的："唯有了解，才会关心；唯有关心，才会行动；唯有行动，才有希望。"以美导善，是我今后在开展自然教育主题活动时不断探索的方向。

2. 在活动中培育生活习惯

幼儿按照自己的分工职责做事情，主动承担讲解、绘画、记录、分类等任务。活动前，他们自觉准备所需物品，无论是画笔、纸张、纸盒，还是记录表，都会自己备好，或是同伴间相互提醒完成准备工作。活动后，主动收纳并整理好物品，爱护周围环境，保证自己和周边环境的卫生，具有一定责任感，真正成为大（二）班的主人翁。

在以后的活动中，我还会通过"我的一分钟景点介绍""户外十分钟赏春时间"等环节，引导幼儿在游戏中感受时间，养成守时、不拖沓的好习惯。

3. 在活动中丰富社会交往经验

《幼儿园入学准备教育指导要点》针对社会准备指出："要丰富幼儿分工合作的经验。提供材料、创设条件，引导和支持幼儿合作开展活动，体验合作的重要性。"

幼儿在赏花、记录花期时，常常有自己的想法，争先恐后地想要表达自己的所见所闻。此时，老师适时给予幼儿建议和鼓励，营造宽容的师幼交往氛围。幼儿间能够认真倾听同伴的意见，学会协商解决问题，体验合作的重要性。幼儿统计不同花树的花期时，自主分组、分工合作，与同伴主动交流，发现问题，协商解决，分工完成绘画、记录、统计、粘贴等工作。在赏春路线图的绘制过程中，虽然不断出现困难，但幼儿始终坚持，不断调整、更改绘制方法，相互协商、合作，最终成功完成绘制任务，培养了合作能力以及坚持不放弃的好品质。介绍赏春路线图是幼儿跨班级、跨年龄的游戏活动，为幼儿创设了自由交往的机会，丰富交往经验。幼儿自选区域，大胆自信地进行讲解，共同合作完成全部的讲解内容，增强了自信心，赢得了全园幼儿的认可，激发了他们热爱幼儿园的情感，培养了集体荣誉感。

作为老师，下一步我将继续支持和引导幼儿在游戏中一起制订小组计划，并按照计划合理分工，培养幼儿按照分工独立完成任务的意识和能力；指导幼儿制定并遵守各项活动规则，比如文明赏春规则，为进入小学后适应班规和校规、较快融入新集体做准备。

4. 在游戏中培养学习品质

《3-6 岁儿童学习与发展指南》中指出，直接感知、实际操作和亲身体验是幼儿获取经验的最佳方式。我们要做的就是充分尊重和保护他们的好奇心和学习兴趣，帮助他们养成积极主动、认真专注、不怕困难、敢于探究和尝试、乐于想象和创造等良好的学习品质。

在"花树开"活动中，幼儿通过持续专注的观察，对不同时期的花树做记录，建立统计表格，将观察到的花树变化与相应的标题、横行、纵栏、颜色、数字等一一对应，能够使杂乱的信息变得有序，并以时间为逻辑建立联系，构建自身逻辑思维的框架，丰富了信息整理的方法和用数学解决游戏中问题的经验。同时，幼儿将观察到的花朵的变化用笔和纸进行记录，经过相互讨论、归纳、整理，用生动的语句表达自己的所见所闻，有效培养幼儿前书写的兴趣、能力以及与书写有关的态度、情感、行为技能等，为入学后的书写做准备。

绘制赏春路线图时，幼儿尝试用图文等多种形式绘制、添加和完善图文信息，使观赏者能够一目了然地看懂赏春路线图，并按照图中位置寻找花树地点。幼儿用语言准确描述出花树的具体方位，培养了方位感和口语表达能力。

在"'花'点时间，为你拍照"活动中，教师为幼儿提供丰富的游戏材料，支持幼儿自制相机，提高幼儿的动手能力、审美能力以及创造能力。从纸张相机到塑封相机再到硬纸盒相机的不断更新，幼儿证明了他们能够发现问题并想办法解决，认真思考，坚持不懈，直到成功。

在"春景宜人，为你写诗"活动中，幼儿借景抒情，通过欣赏到的美景抒发情感，创编诗歌，记录春天的美好。幼儿将所见所想向语言、文字转化的过程其实是思维转化成语言的过程，同时诗歌创编也是语言由口头用语向书面语提升的过程，为幼儿进一步的语言创作奠定基础。在活动过程中，大量的语言描述、语言沟通环节都是在培养幼儿对语言、文字的兴趣。

接下来，我会跟随幼儿的兴趣，引导和支持幼儿将花期统计表格进行汇总整理，通过讨论花树密集开花的月份，引导幼儿深入探究气温、湿度、雨水等自然现象与植物生长、人们生活的内在联系；支持幼儿将赏春过程中的新发现和有趣的事情用图文并茂的形式记录下来，制作成《赏春趣事》，借助户外游戏时间、升国旗时间讲给全园的小朋友听，让他们体验到成就感，进而激发更大的学习热情。

妙趣"花"生

执教教师：高珊

一、活动背景

在秋天这个丰收的季节里，幼儿园的菜园显得格外热闹，孩子们之前种植的花生成熟了，他们拿着早已准备好的小工具兴奋地来采摘。到达菜园，一眼望去，并没有看到花生。花生在哪里呢？孩子们开始三两结队寻找起来。不时还会听见他们说："花生是不是都被别的班小朋友采摘完了？花生太小，是不是长在叶子底下？花生没长出来吧？"看着探知欲望如此浓厚的孩子们，我决定把更多的探知机会留给他们自己去寻找，说不定还会有妙趣"花"生呢！

二、活动实录

（一）故事一：花生大搜索

大家开始在菜园里"地毯式"搜索。不一会儿，生笙跑到我面前有些无奈地说："高老师，菜园里有花生吗？我找了半天怎么一个都看不见啊？"又有几个孩子也拥上前说："是呀，我也没找到，是不是都被别人采摘完了？"我说："也许是它故意藏起来，想看看哪个小朋友最聪明，第一个找到它。"生笙叉着腰说："我是大侦探，一定能把它找到。"
"你有好办法吗？"美麟说道。生笙说："当然有，我可以回家用我的学
习机查一查，它什么都能查到。"漫书说："可以问管理菜园的阿姨，
她一定知道。"还有的孩子说："可以回教室，到图书区找一找有没有
关于花生的书。"就这样，孩子们按照自己的方式，寻找花生在哪里
的真相（图3-27 a）。在第二天的畅聊环节，有的孩子拿着图讲述着，有
的拿着自己的学习机播给大家听，还有的指着绘本上的图片给大家看。
孩子们发现原来花生是长在地底下的、它的叶子是椭圆形的等相关知识。
于是，孩子们带着自己准备的小工具再次来到了菜园，这次有了搜寻到
的花生"真相"图做参考，大家很快就找到了花生生长的位置（图3-27 b）。
生笙用小铲子挖出了花生，皓文用小耙子一点一点地将花生上面的土刨
开，然后使劲用手一拉，整串的花生就出来了。有的孩子则是两人一起
合作，一个刨土，一个慢慢地使劲拔（图3-27 c）。就这样，在大家的共
同努力下，花生很快就被挖出并装满了两大袋子，每个人都能从孩子们
高兴的表情和欢呼声中感受到丰收的喜悦。

a b c

图3-27 "搜索"花生

教师反思

自从种植了花生，孩子们每天都在期待着花生快快成熟。可当花生
真的成熟、孩子们去采摘时，却发现花生"不见了"。这是缘于幼儿对

花生生长变化认知的缺乏。当幼儿提出"菜园里有花生吗"等疑问时，我并没有直接告知，而是采用"引导式提问"的方法，进一步激发、增强幼儿的探知欲望，形成幼儿解决问题的动力。这也调动了幼儿的前期经验，让他们通过多种途径找到花生生长的地方。通过与同伴分享的方式，幼儿获得了不同的解决问题的方法和自主学习的经验。在挖花生的过程中，利用不同工具挖花生的方式，促进了同伴间相互学习，增强了合作意识，也让幼儿感到与同伴一起探索的快乐，更让幼儿感受到丰收的喜悦之情。

（二）故事二：救救花生

两天过后，孩子们依旧沉浸在丰收的喜悦里，时不时到装有花生的口袋前看一看、摸一摸。这时，生笙拿出一颗有点发黑的花生说："你们看，这花生怎么变黑了？"展菲也拿了一颗花生说："你看这个都长毛了。"我一看，不禁说道："呀！花生有点受潮，都长毛了！"景浩说："我们可以把它放在太阳底下晒一下，就像我们晾晒图书那样。"这时，美麟说："老师说过，变质的食物不能吃，吃了会生病。"于是，大家把长毛的花生挑了出来，将剩下的花生倒在了窗台上，进行晾晒。第二天，孩子们一进班就迫不及待地来看自己晾晒的花生。这次，他们惊喜地发现，花生都变硬了，一晃动还有花生仁碰花生皮的声音。一时间，孩子们似乎把花生变成了小乐器，拿在手上晃动起来，一边唱着《孤勇者》一边打起了节奏（见图3-28）。

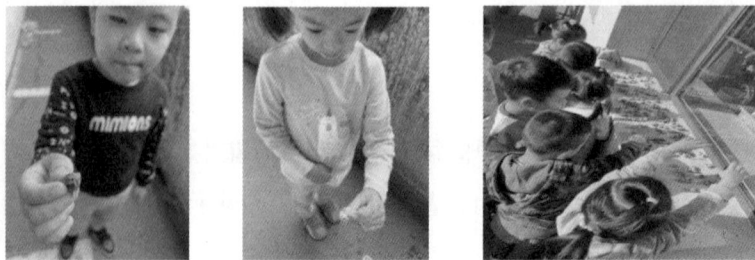

图3-28 "拯救"花生

教师反思

幼儿在看一看的过程中，了解了花生的外形特征；在摸一摸的过程中，感受到了花生的果壳触感。因为没有及时将花生从袋子中拿出，花生发生了"质"的变化，这让孩子们惊讶不已，大家不明白花生为什么会变黑、会长毛。我不经意的一句话，调动了幼儿已有的生活经验，并将已有的经验应用到花生受潮的问题上。美麟更是将已有的安全食品认知经验与同伴分享，提高了大家的饮食安全意识。晾晒后，幼儿通过"对比"的方法，发现了花生晾晒前与晾晒后的不同。大家更是突发奇想，把晒后的花生当成了小乐器，伴随着同伴的歌声，欢快地打着节奏。

（三）故事三：麻屋子，红帐子，里面住个白胖子

今天我们准备在幼儿烹饪室煮花生，孩子们齐心协力将两袋沉甸甸的花生运到了幼儿烹饪室，并按照桌椅摆放的位置，自愿分成了三个小组，开始剥花生。有的用双手使劲捏，有的放在桌上滚一滚再捏，还有的孩子找来了剥果壳的剪刀，大家剥花生的方法各式各样。"麻屋子，红帐子，里面住个白胖子。"璐璐的谜语吸引了大家的注意，佑霖第一个猜出了谜底——花生。这也让孩子们在剥花生中加入了猜谜的小游戏。皓文笑着说："我也有个谜语：麻屋子，黑帐子，里面住个毛孩子。"展菲想了想说："我知道答案，是坏了的花生吧？"皓文笑着点点头，大家也都大笑起来。就这样，一场关于花生的猜谜活动，在孩子们剥花生的过程中开展起来。花生剥好后，在赵老师的帮助下，美味的煮花生出锅了，孩子们一边吃着花生，一边继续创编着关于花生的小谜语（见图3-29）。

图3-29　煮花生猜谜语

教师反思

孩子们带着晾晒好的花生，来到了幼儿烹饪室，他们要把花生进行进一步的加工，通过剥花生—洗花生—煮花生的过程，使之变成口中的美味食物。这个过程大大提高了幼儿动手操作的能力。在剥花生的过程中，我并没有提前告知幼儿剥花生的方法，而是通过"食材投放"的方式，激发幼儿动手操作的愿望。最初，大多数幼儿都在用手使劲地捏，因为花生较硬，幼儿肌肉力量有限，所以剥得十分慢。这促使幼儿进行了进一步的思考：如何提高剥花生的速度？通过不断尝试、借助工具的办法，幼儿掌握了剥花生的不同方法，丰富了生活经验。璐璐的谜语更是激发了幼儿创编的愿望，他们将对花生已有的认知，创编出了一个个有趣的谜语。随着锅中飘出的香味，花生煮熟了，孩子们一边品尝着自己亲手剥的花生，一边继续创编关于花生的小谜语。从孩子们的谜语中不难听出，在这次活动中他们感知到了劳动人民的辛苦，这使他们更加珍惜粮食，养成了不浪费粮食的好习惯。

（四）故事四：创意小达人

不起眼的废旧花生壳在孩子们的眼中却成了"宝贝"，他们将花生壳带回了班里。看着一盒花生壳，我不禁问道："花生壳留着做什么？"源源说："可以作画用，花生壳可以做小人的身体，我都想好怎么画了。"一旁的欣忆也说道："可以做发卡装饰。"竣元的想法更新颖，他说："可以玩拍花生游戏，就是把花生壳放到地上，都扣着，谁能把花生壳拍翻面就算赢，我跟爷爷玩过拍'元宝'游戏，花生壳应该也可以。"看到孩子们对于花生壳的用法都有自己的创意，于是，我们决定把花生壳放在班中，供大家拿取使用，激发幼儿不断迸发新的创意（见图3-30）。

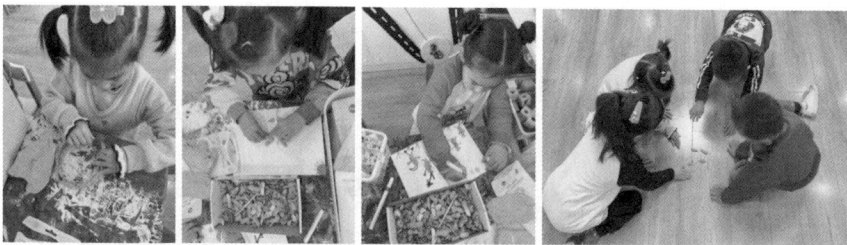

图 3-30　花生壳变废为宝

教师反思

让我意想不到的是，孩子们竟然提出要对废旧的花生壳进行再次利用，使之变成一件件具有观赏性的"艺术品"的想法。作为幼儿的支持者，我给予肯定并鼓励他们大胆想象、大胆创作，同时，也投放更多的材料，满足幼儿的创意需要。在同伴间相互学习、相互欣赏中，关于花生壳的创意作品与玩法越来越多。我也将不断追随幼儿，成为他们游戏的支持者、合作者和引导者。

"枝"想探索

——树枝奇遇记

执教教师：常文静

"大自然本身就是课程。"① 儿童是自然之子。大自然能满足儿童的好奇心，给予儿童归属感。儿童早期阶段与大自然的亲密联系，足以疗愈人的一生。如果一个孩子在生活中，没有接触过大自然，譬如没有摸过树的皮，没有捡过树的枝，没有踩过干而脆的落叶，没有触摸过不同色彩的花儿，没有见过不一样的自然景色……那就没办法真正地感受自然的美！因此，我们踏上了寻找自然美的征途。

一、发现——寻找树枝（故事起源）

随着秋天的到来，"探索岛"的地下铺满了落叶，小朋友们踩在落叶上，落叶沙沙地响。璐璐和梅梅蹲在地上捡了很多小树枝，用它们拼摆了不同的图形，有小房子、小树等。她们的树枝画吸引了不少小朋友围观。大家纷纷去捡小树枝，在地上拼摆着自己的创意树枝画。很快，"探索岛"地上的小树枝就被小朋友们捡完了，有的小朋友找不到小树枝显得有些失望。

---

① 丹尼尔·R.迈耶、斯蒂芬妮·西斯克－希尔顿：《与儿童一起探索自然：幼儿园自然课程故事》，陶莹中译，中国轻工业出版社，2022。

璐璐说："我和妈妈在小区里面看到了很多掉落的小树枝，我晚上回家就捡起来拿到幼儿园和小朋友们一起玩树枝游戏。"璐璐的话，得到了很多小朋友的应和。

坤坤："我家小区外也有很多树，我可以在周围捡到很多长长的树枝。"

熙熙："周六我和爸爸妈妈一起去园博园，应该会有很多树枝呢。"

菲菲："我们三个是好朋友，我们放学后一起去公园，到时候就可以捡树枝啦。"

语芮："我见过的树枝有的是粗粗的，有的很细。"

小圈说："我们看看幼儿园的其他地方还有没有小树枝，可以捡起来带回班里作树枝画。"他的提议得到了小朋友们的赞成，于是我给小朋友们找来袋子，大家开始到幼儿园的各个地方去捡小树枝（见图3-31）。

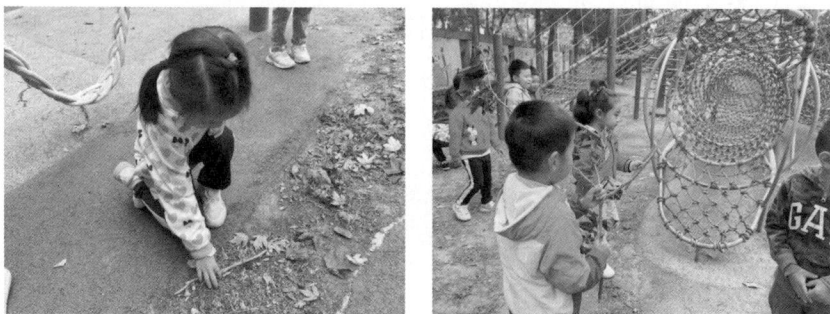

图 3-31 寻找小树枝

一次偶然的活动，孩子们发现了地上的小树枝，小小的树枝打开了孩子们创作的思路。孩子们满园寻找掉落的小树枝，很快筐就装满了。在孩子的世界里，小小的树枝都能够带给他们游戏的兴趣。

二、整齐分类树枝

很快，小朋友们就从各个地方收集到很多长长短短、粗细不同的树枝，每个筐里也装得满满当当。树枝支棱着，很不安全，孩子们意识到树枝存放的问题了，主动提出要把这些树枝整理一下（见图3-32）。

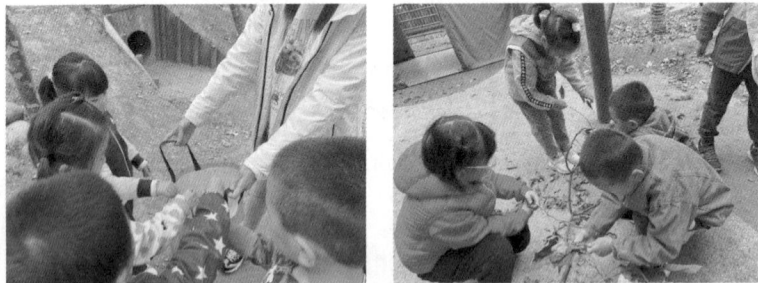

图3-32 整理树枝

美麟："我们可以把树枝分类，按大小分开放在筐里。"

佑霖："就像积木区，每种积木都分类摆放。"

子璐："我们需要几个筐？长树枝放几个？短的放几个？"

尧尧："我们还可以按树枝的粗细分类。"（见图3-33）

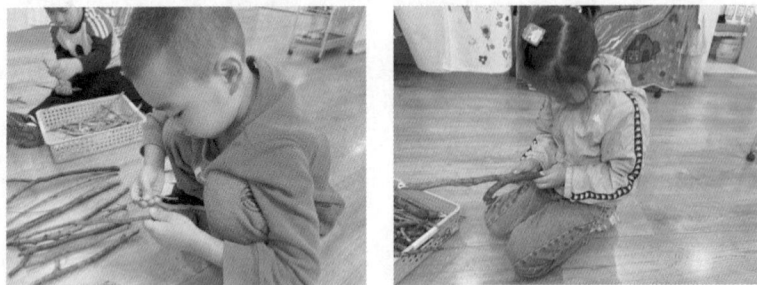

图3-33 给树枝分类

孩子们按自己的方法对树枝进行了分类，但是在分类的过程中又发现了新的问题：有的树杈太大，有的树枝太长，这些因素都导致树枝收纳不整齐，该怎么办呢？我鼓励孩子们大胆想办法，调动孩子们解决问题的积极性。很快，孩子们想出了不同的方法：用手掰、借力折、剪刀剪、用脚踩（见图3-34）。

图 3-34 修剪树枝

薛薛："树枝太硬了，根本就掰不动。"

梓雯："我们用剪刀也只能剪出浅浅的痕迹，用剪刀也不行。"

球球："我们用锯，就可以把树枝锯开了。"

天天："还可以用钳子掰，铁丝很硬，我爸爸用钳子就掰断了。"

球球和天天的办法得到了大家的认可，于是，孩子们到叮叮当当区找来了工具，开始又一轮的尝试（见图 3-35）。

图 3-35 借助新工具修剪树枝

在不断操作尝试的过程中，孩子们获得有意义的经验，多样的材料也提供给他们一种或多种感官学习的机会。我们在实践中感受不同工具的特点、操作体验，分享了不同工具的使用方法与注意事项。

现在所有的树枝都整理好了。看！这就是工具的力量，接下来，就更方便孩子们玩啦（见图 3-36）。

图 3-36　树枝整理收纳

三、树枝知多少?

大大小小的树枝被孩子们全部收纳整齐了。这么多树枝，我们能做点什么呢？于是"树枝能做什么"这个话题引起了大家的讨论。

球球："我们可以用小的树枝做树枝画。"

贝贝："可以把粗的树枝放在建筑区搭房顶。"

妙妙："可以把树枝放地上当格子跳。"

小朋友们想出了很多小树枝的玩法，有的小朋友还提议回家做个小调查，问问爸爸妈妈爷爷奶奶小时候都拿树枝做什么游戏（见图 3-37）。

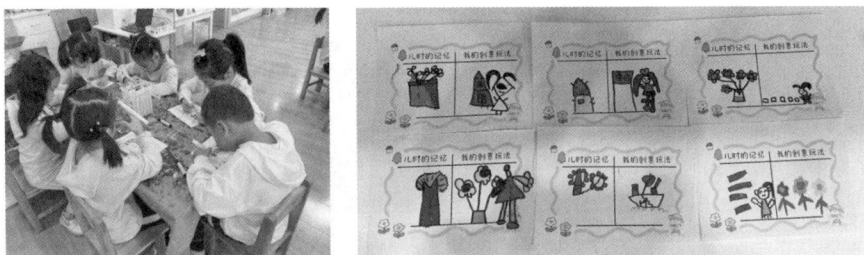

图 3-37 树枝的玩法

四、小树枝真好玩

根据孩子们找到的小树枝玩法，我们一起对有关小树枝的游戏进行了尝试。

玩法探索一：树枝变成了"大马"，看我跑得多快呀（见图 3-38）！

图 3-38 用树枝骑"大马"

玩法探索二：我可以把树枝变成绳子跳一跳，也可以把它放在地上跳过来，跳过去，真的很好玩（见图 3-39）！

玩法探索三：小树枝拼图。长短不一的树枝还能拼成各种各样的图形，真神奇（见图 3-40）！

双脚跳 　　　　　　 单脚跳 　　　　　　 开合跳

图 3-39　树枝变"绳子"玩法

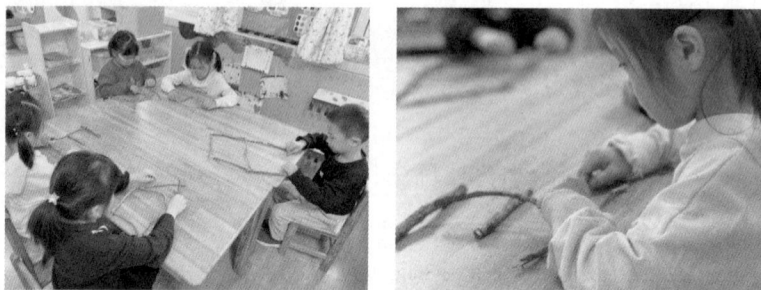

图 3-40　树枝拼图游戏

玩法探索四：数一数。树枝还可以作为我们的学具，可以根据杯子上的数字放入对应的树枝并数出树枝的总数（见图 3-41）。

图 3-41　用树枝学数学

玩法探索五：双人游戏。把小树枝放在一起，散落在桌子上，看看谁能挑出一根小树枝且保持其他小树枝不动。把所有小树枝都挑出来则为胜利（见图 3-42）。

图 3-42　树枝双人游戏

五、百变树枝

小小的树枝，给小朋友们带来了很多的乐趣。小朋友把这些小树枝放在了美工区，大家可以随时用这些小树枝进行艺术创作。

景浩："我用纸黏土把小树枝插在杯子里面，树枝就站起来了！"（见图 3-43）

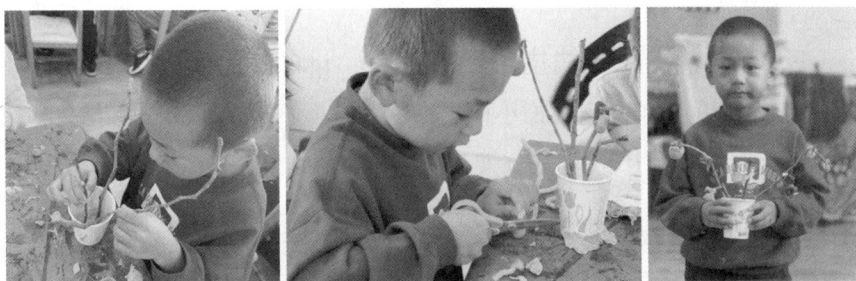

图 3-43　站立的树枝

璟晗："我用胶泥钉把树枝粘在纸上就可以了。"（见图 3-44）

漫书："我是用线把树枝绑起来的，真是挺难的，但是我相信我可以！"（见图 3-45）

幼儿用无限的探索热情和创意灵感为平凡的生活增添了色彩！

萱萱："树枝着凉生病了，我们可以给小树枝穿上新衣服，这样它就不冷了。"

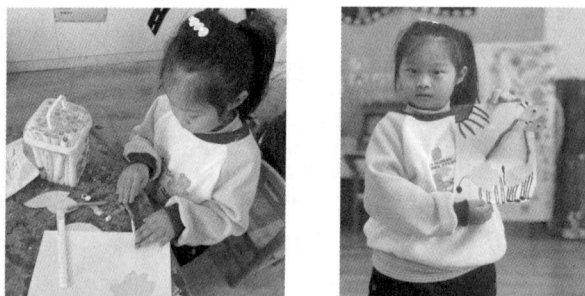

图 3-44　用胶泥钉粘贴树枝

图 3-45　用线固定树枝

　　辰辰："我们可以给树枝绕上彩色的线，让它穿上漂亮的新衣裳。"

　　萌萌："我们用黏土装饰小树枝，这样它就不孤单了，长出花朵和树叶来，它一定会很开心的！"（见图 3-46）

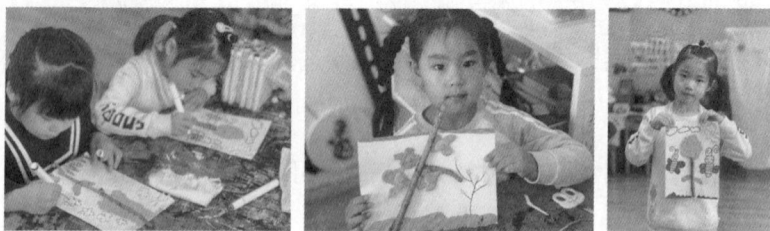

图 3-46　装饰小树枝

　　小小树枝激发了孩子们丰富的想象力、创造力，孩子们非常兴奋地把自己的作品分享给同伴。

六、分享——我眼中的树枝

在孩子们和老师共同的精心策划下，我们开始了一场艺术创意之旅。让我们一起来分享树枝的创意作品吧，如有小木屋、相框、一束花、小吊饰、柿子树、摆件、树枝盆栽等（见图3-47）。

图 3-47　树枝创意作品

此次活动，不仅挖掘了自然界中枯树枝的价值，还培养了孩子的环保意识，提高孩子的动手能力和创造能力，让孩子进一步感受到大自然的美，激发孩子亲近大自然、热爱大自然的情感。

著名教育学家陈鹤琴说过，大自然、大社会，都是活教材。[①]孩子是大自然的宠儿，也是大自然的追随者，大自然的一草一木、一风一雨都能引起孩子的驻足，激发孩子的兴趣。

课程来源于生活，也将运用于生活。留住美好的方式有很多，树枝

---

① 《"立德树人"呼唤有情感、有专业素养的教师》，中华人民共和国教育部门户网站，2018年4月18日。

以它特别的姿态呈现着与众不同的美。将树枝与环境相结合，有效地利用自然物，运用创意让树枝重生，让枯木焕发新的生机：这些都让孩子们从生活的一点一滴中去探索与发现。在带领孩子们感受自然万物美的同时，更激发了他们探索自然、热爱自然的美好情感。

因此，老师要经常带领幼儿接触大自然，在生活中寻找教育契机，有意识地引导幼儿观察周围事物，激发其好奇心与探究欲望，让幼儿在实际操作中学、在玩中进步。

拯救乌龟大作战

执教教师：张梦雅

一、发现"彩色龟"

这天一大早，武新涤小朋友就从家里带来了两只"特别"的小乌龟，小朋友们都争先恐后地去植物角进行观察。这时有人发现了不同（见图3-48）。

郭思韬："快看它们的背上是有花纹儿的！"

桃桃："真好看！我喜欢它的图案！武新涤，你是从哪儿买到这么漂亮的小乌龟的？我也要去买。"（见图3-49）

图3-48　观察小乌龟

图3-49　彩色小乌龟

武新涤："妈妈带我去'绿野仙踪'玩儿，那门口就有卖的！我特别喜欢就买了。"

张桐溪："我妈妈说过，这种彩色龟壳的乌龟会变畸形！"

耀耀："啊？为什么啊？不会吧！我觉得很好看啊！"

罗子君："对！我家有一只乌龟就这样，后来它就死了！"

我被孩子们焦急的情绪所吸引，"梦雅老师，张桐溪说小乌龟身上的卡通图案会杀死小乌龟！这是真的吗？"郭思韬急着问我。"真的吗？我也只是听说，但是具体的，也需要查查资料呢！一会儿上课的时候我们一起上网找一找吧！""好的！老师！"就这样，我们达成了一致，决定共同查验。

二、查找资料，商讨"手术方案"

很快，下午就到了，通过查找资料，我们发现背上的图案真的可以

图3-50 观看彩色乌龟资料视频

杀死小乌龟。一些商户为了用色彩鲜艳的图案吸引小朋友购买小乌龟，直接用商业涂料将图案印在它们身上，但是商业涂料中的有毒物质也会渗透到小乌龟的身体里，美丽的卡通图案会抑制乌龟生长、导致乌龟蜕皮，慢慢地它就会变成一只可怕的"畸形龟"，而且它也会很痛苦(见图3-50)！

看到这里，小朋友们都感到很难过，教室里的气氛也有些低沉了。

"能不能想个办法救救它们呢？"皓皓问。

蓓蓓："那我们能给它吃点药吗？"

郭思韬："我们可以带它们去宠物医院看病啊！"

罗子君："我家的小乌龟就是这样死的！后来妈妈说可以帮它们把后背上的花色抠掉。"

武新涤："那该怎么抠啊？"

小朋友们你一言我一语，最后我们还是决定借助网络，寻找有同样遭遇的小乌龟，了解它们是如何被救助的。很快，我们找到了相关视频，发现确实可以通过手工抠除龟壳上的颜料来帮助小乌龟恢复正常，但是过程很漫长，需要极大的耐心，而且"手术"的时间也是根据涂料印染的深浅来决定的。正因为如此，被救治的小乌龟也不是一定就会好转，因为毒素已经渗入它们的身体里了（见图3-51）。

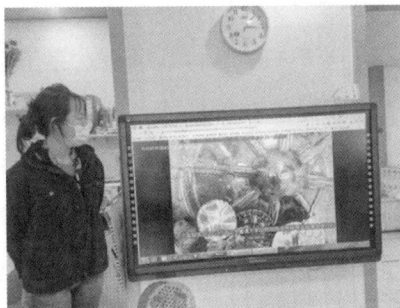

图 3-51　通过视频学习小乌龟救治方法

三、寻找"手术材料"，确定"手术方案"，连线宠物医生

决定好"手术方案"后大家都特别积极地进行了相应的准备。有的小朋友要带小牙刷来，有的小朋友要带指甲刀来，有的小朋友说要带针来，还有的带来了小刮刀、小镊子。我们也不忘连线专业的宠物医生，向他们请教，这样做是否恰当，有没有需要注意的。医生对大家的想法给予了肯定，并嘱咐在"手术"过程中一定要轻一点，因为小乌龟的壳现在还很软，如果太用力会刺伤小乌龟，影响小乌龟继续生长。医生还提醒我们在术前要佩戴好手套，做好术前消毒的工作；还要让小乌龟控食一天，不然会导致小乌龟"术中"反流；术后也要为小乌龟多擦拭后背，并注意为它们上药。同时，细心的孩子们找到一块柔软的湿布为小乌龟准备了舒适的"手术"床。为避免对小乌龟造成二次伤害，我们考虑了"手术"中工具的使用、力度的控制，孩子们可以作为"普通医师"操作一些没有伤害性的手术工具（如牙刷、棉签、牙签、胶带），我作为"主任

医师"来操作其他需要特殊注意的手术材料（如针、刻刀）。

四、"手术"开始，加油啊小龟！

这天，孩子们早早地吃完了早饭。在"手术"开始前，孩子们把小龟放到提前准备好的"手术台"上，还有两位小朋友负责给小乌龟定时喷水，并用棉布清理"创面"。大家轮流为自己的"手术材料"进行消毒（喷次氯酸喷雾），并佩戴好医用手套。终于，"手术"开始了，我们按照"手术材料"的不同为幼儿们进行了分组，有牙刷组、镊子组、牙签组、棉签组、胶带组，还有刻刀组。"医生"们首先尝试用牙刷为小乌龟刷除涂料，尝试了好几次发现牙刷的效果并不好，而且小乌龟似乎是被牙刷的毛吓到了，一直缩在壳里一动不动的，小助手们连忙给它喷了喷水，小乌龟似乎放松了许多。接着是牙签组，但孩子们再一次失败了，牙签的头对于小乌龟来说过于粗了，根本没法掀起涂料。接着"医生"们又尝试了胶带、棉签，效果都不太理想。这时，旁边的小"医生"提议用针试一试。由于针、刻刀这类工具存在危险性，因此由我这个"主任医师"继续接下来的手术。细细的针刚好可以抵着小乌龟后背的纹路将涂料掀起来，孩子们对于这第一步的成功都高兴极了。但是仅仅凭我一个人想要完成一整套动作似乎有点难，于是我与旁边的"张医生"互相配合起来，我用针掀起涂料，"张医生"则作为我的"医助"，用镊子将涂料夹起，遇到大块的涂料我就帮助他们用小刻刀进行刮除。在我们两个人的精心配合下，两只小乌龟身上的涂料都一点一点地被去除了（见图3-52）。手术

图3-52　给小乌龟做"手术"

完成后，孩子们赶紧用碘酒为小乌龟的背壳进行了消毒。看着两只爬来爬去的小乌龟，孩子们都高兴极了（见图3-53）！

图 3-53　为小乌龟完成"手术"

五、细心观察精心护理，营养餐不能少

"手术"成功后，孩子们对小乌龟的护理越来越细致，武新涤为小乌龟带来了"护龟液"，孩子们也会每天定时定点地带小乌龟晒太阳。对于小乌龟的喂食孩子们更加精细了（见图3-54）。

夏语晗："我爷爷做完手术之后都只能吃流食。"

桃桃："我病好了也都是喝粥。"

郭思韬："我看它们都不吃龟粮，上回我喂了，它们都不吃。"

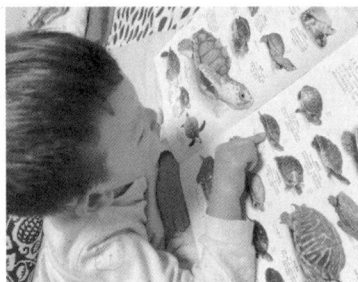

图 3-54　照顾护理小乌龟

"我看有的乌龟还爱吃菜呢！"桃桃说。

"不对！不对！乌龟应该吃鱼！这样它才能长个儿、长劲儿！"柚子说。

到底应该怎么样呢？我们决定进行一次全面调查。柚子从家里带来了《动物百科全书》，通过对比它的特征后发现，我们养的乌龟的品种是红耳巴西龟。这种乌龟喜欢吃的东西很多，如：鱼类、肉类、果蔬类等。孩子们决定试一试，找到这两只小乌龟最喜欢吃的食物，帮助它们更快地恢复身体。孩子们陆续从家里带来了青菜、虾仁、鱼肉，还有一些水果。为了更方便照顾小乌龟、记录它的进食情况，大家一起制定了一张"照顾小乌龟"的记录表（见图 3-55）。

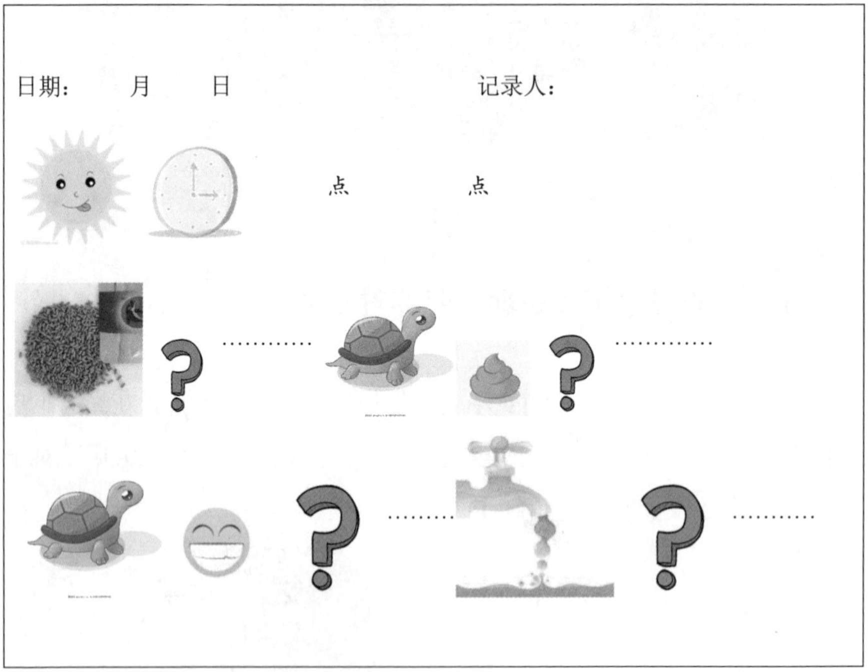

图 3-55 "照顾小乌龟"记录表

孩子们通过表格对小乌龟晒太阳的时间、喂食的情况，以及小乌龟进食后的便便情况与它们的活泼情况等进行记录。通过几天的记录，孩子们发现了神奇的事情：小乌龟在吃过鱼与虾这种肉类的食物后，拉的便便是黑色、成形的；而在吃过蔬菜与水果之后，小乌龟拉的便便就是绿黄色、不成形的。小乌龟对于蔬菜也是有选择的，像白菜与菠菜它们会很喜欢，但是像萝卜与黄瓜它们就不太喜欢吃（见图3-56）。

图3-56　记录小乌龟的情况

小朋友们担心这样的稀便不正常，于是我们再一次请教了我们的宠物医生。经过医生的反馈，我们了解到红耳巴西龟确实更加偏爱肉类，但是像这样小的龟不能经常吃生肉，可以喂一些小鱼干替代生肉。另外，适当地喂些蔬菜水果可以帮助调节肠胃，也是可取的。大便有点稀也是没关系的，因为蔬菜本身就是膳食纤维，不容易成形。医生还提醒我们，龟粮的营养成分很全面，更加适合幼龟的发育，建议最好隔天喂食，这样可以给小乌龟足够的时间进行消化。通过胡医生的帮助，小朋友们更加了解了应该如何照顾我们的小乌龟。大家还提议为小乌龟制作营养食谱，也计划继续观察小乌龟的进食状况，从而更好地了解小乌龟的健康状况以及它们过得是否开心。看着我们的小乌龟越来越健康了，去除了涂料，第一次在阳光下闭着眼睛惬意地晒太阳的样子，我与孩子们都发自内心地笑了。

那一刻，我觉得这两只小乌龟应该是全天下最幸福的小乌龟了吧，孩子们的每一句话都透露着他们对小乌龟无限的爱，这让作为旁观者的我尤为感动。

活动总结

孩子们从一开始发现小乌龟的不同，喜欢它的不同，到后来通过多种渠道查找资料，发现了这种不同对它们其实是有害的。善良的孩子们因此决定用自己的方法拯救小乌龟，他们动用身边的资源，回家与爸爸妈妈上网共同寻找相关资料，和爸爸妈妈一同联系宠物医生、共同搜寻手术工具，以线上交流的形式与宠物医生连线，向医生请教"手术"中的问题以及困惑，寻求医生的帮助。

在"手术"中，我看到了孩子们的小心翼翼，还有他们想让小乌龟赶快好起来的那一颗颗急迫的心。在尝试多种材料依旧未能成功去除小乌龟后背的涂料后，他们想到了与同伴进行合作，多人配合完成"手术"。在孩子们与老师们的共同努力下，小乌龟终于变回了它最美丽的样子。我问孩子们："你们喜欢现在的小乌龟还是原来那两只漂亮的小乌龟啊？"孩子们都说："我们觉得现在的小乌龟最美丽！"通过我们的努力，孩子们明白了健康是多么的重要！相比它而言，外表是多么的不值得一提。

之后的每一天，孩子们都抢着照顾手术后的小乌龟，细致地观察它们的进食与排便情况。孩子们习惯将观察到的内容落实在笔头上，因此"照顾小乌龟"记录表诞生了，也正因为有了记录，孩子们才可以对比与总结，发现小乌龟的种类不同，它们喜欢吃的食物也有所不同。孩子们通过一次次的尝试与记录更加了解小乌龟，更深层次地了解与帮助了这两位朋友，还参考了幼儿园的食谱，为小乌龟制作每日的食谱，让它们吃得更健康、恢复得更快更好。

孩子们与小乌龟的故事刚刚开始，后续的活动还会继续进行，我们会持续关注小乌龟，让它们过得更加舒适与温馨，同时我们也会将这份爱继续传递下去，在学习的过程中感受爱的力量。

"柿"界真美好

执教教师：梁 瑶

我们的幼儿园里有着丰富的自然资源，有花树，有果树……秋天到了，孩子们一直期盼的柿子熟了，我们的自然教育故事也开始了……

一、生活体验——引出话题，由观察发现联想到生活体验

在一次户外活动中，孩子们骑车路过柿子树时，发现幼儿园的柿子都成熟了。

"快看，柿子真多！像一个个红红的小灯笼。"

"树枝都压弯了。"

"看，那三个柿子挨在一起，真大！"

孩子们你一言我一语地议论了起来。

圆圆说："我都馋了！"

小美建议说："那我们来摘柿子吧。"

"好啊，好啊……"

只见几个孩子努力地向上跳，伸手够柿子，可还是够不到。圆圆说："太高了，我够不到怎么办？"这时，我问："那有什么办法可以够到柿子呢？"我及时捕捉幼儿的兴趣和需要，推进了活动的进程。

涛涛说："我们可以用工具。"诚诚说："我在姥爷家摘过柿子，有一根长长的杆子，前面有一个大钩子，用力把柿子钩下来。"小美说："那

我们也做一个大钩子吧。"圆圆说："我家有一根晾衣服的杆，明天我带来。你们还能找到什么工具？"圆圆的一句话激发了孩子们的兴趣，引发了他们的思考和讨论。孩子们讨论起制作摘柿子的工具及所需要的材料和做法。

我及时鼓励道："你们可以试一试制作工具，兴许能够摘下柿子呢。"

基于孩子的兴趣，尝试制作采摘工具成为他们的关注点和讨论话题。关于采摘工具的制作他们还有什么想法呢？孩子们设计了图纸，一起收集各种材料，如晾衣杆、棍子、铁丝、晾衣架、扑蝴蝶网、无纺布袋……同时，孩子们也向家长询问并搜集了很多制作采摘工具的方法。他们尝试设计并制作了采摘柿子的简易工具，这为接下来活动的开展奠定了有效的基础（见图3-57）。

图 3-57　设计制作采摘工具

二、初次尝试——发现问题，通过实践引出改进方案

因为有周末采摘等活动，幼儿在初次尝试设计并制作采摘柿子工具时，已经对工具有了一定的认知。因此，在设计图纸和制作环节他们都很有信心。

"怎么把网兜和杆子固定在一起呀？"涛涛问。"用绳子吧！"圆圆说。只见涛涛一只手拿着杆子另一只手拿着网兜，圆圆用纸绳一圈一圈地把它们绕在一起。"行了，试试吧。"他们举起来一挥动，网兜就掉了下来。"这怎么办呢？"

我说："大家都来帮助他们想一想，有什么方法能将网兜和杆子固定在一起呢？"娜娜说："我觉得应该用丝带固定。"诚诚说："我姥爷是用铁丝固定的。""咱们班没有铁丝怎么办？""我们用丝带多固定几圈试试吧。""我觉得不装网兜也行。"孩子们很快确定了制作方案并开始实施，很快不同式样、不同功能的工具诞生了。

在孩子们设计并制作好采摘工具后，我们带着工具开始了第一次采摘活动。孩子们兴高采烈地拿着工具来到柿子树下，有的踮起脚尖卖力地摘柿子，有的小心翼翼地将柿子套进网兜里……

圆圆说："我摘到了一个。"

诚诚说："我也快摘到了。"

就在这时，涛涛大叫："啊！我的柿子！"只见他用钩子摘的柿子从天而降摔到了地上，孩子们都围了过去，心疼地看着摔裂的柿子。涛涛说："我接不住怎么办？"小美说："我的钩子下面有一个网兜，柿子会掉到网兜里。"涛涛说："那我也应该装一个网兜。"

通过第一次采摘活动，幼儿感受到了工具的优势和不足，从实际操作中获得了直观的生活经验。发现问题、讨论问题、调整制作工具再次成为他们最重要的任务。

回班后，孩子们还在讨论关于摘柿子的话题。曦曦说："我一个也没够到，我的杆太短了。"涛涛说："我摘的柿子掉在地上摔坏了。"于是，我请孩子们填写了"柿子采摘工具实验表"，请他们将自己的感受画出来，根据问题调整材料，在实际操作中寻找解决方案（见图 3-58）。涛涛说："我要添加一个网兜。"圆圆说："曦曦，你把杆子加长就够到了。"

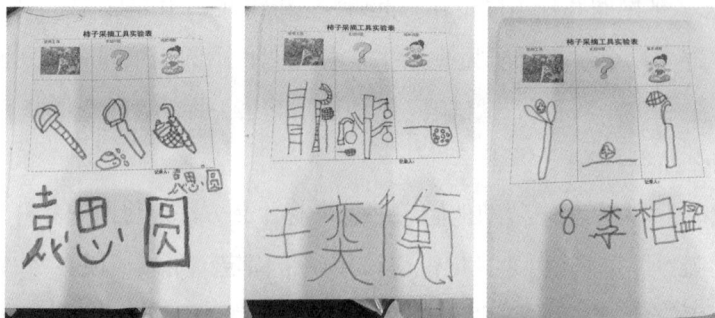

图 3-58　填写"柿子采摘工具实验表"

我引导幼儿快乐地动手动脑、感知体验、探索创造，在游戏中感知并积累经验，从而运用到之后的活动中，不断尝试调整方案，助推活动的发展。

三、调整材料助力探究，由初次尝试引出再次尝试

从孩子们调整的方案里，我发现他们在尝试增加自己工具的功能，并想到借助其他材料来满足自己的需求，如加长杆子，增加网兜，使用户外木梯、木凳……

曦曦说："我的杆子可以加长，但妈妈说太长会很沉，不方便使用。"

小美说："我妈妈说可以站在桌子上。"

"我准备用户外游戏的木凳子。"

"我也想用。"

圆圆说："我们可以合作一起摘。"

"那我们怎么能确保掉下的柿子不摔到地上呢？"我提出问题。

"我们可以用网兜套住柿子。"

诚诚说："我姥爷摘柿子时，姥姥和我会拿一个大床单接着。"

问题再次从孩子们的尝试中出现，因此他们结合实际生活经验，大胆地提出自己的想法，他们的很多想法、使用的材料都是从生活中得来的，是他们参与实践而习得的经验。

孩子们根据自己"柿子采摘工具实验表"中的调整方案热烈地讨论着。我看大家兴趣很浓，很有自己的想法，就说："既然大家想到了这么多的方案，那咱们调整后再试一次吧。"于是，调整方案类似的孩子组成一组，合作调整采摘工具，在调整过程中习得成功的经验。有给工具加装网兜的，有加长工具长度的，有设计木凳、木梯如何摆放的。孩子们自主讨论制作，每个人都十分专注。

涛涛说："梁老师，我们组调整好了。"曦曦说："我们的杆子也加长了。"圆圆说："我们再去摘一次吧。"

"既然大家都调整好了，那我们再去试一次吧。"幼儿分组合作动手改良工具，使得工具更合理、更好用，同时提升了他们的自信心，促进了新经验的积累。

追随幼儿的兴趣，我们来到柿子树下，诚诚说："咱们一起搬木凳吧。"只见刚刚讨论使用木凳、木梯的几个小朋友，合力将木梯、木凳搬到树下，尝试采摘。诚诚站在木凳上摘柿子，岚岚说："我们来扶着凳子，你加油。"他们很顺利地摘到了柿子。涛涛用长钩摘柿子，阳阳、齐齐、娜娜手拿床单一角，说："我们准备好了。"涛涛用力钩柿子，柿子掉下来，可并没落在床单上，而掉到了旁边的地上。孩子们又围了过来，涛涛说："怎么又没接住？"阳阳说："我们接歪了。"此刻，孩子们又有了新的问题：如何准确地接住柿子？曦曦的杆子加长了，但举起来后，连接的部位总是歪。新的问题又随之而来（见图3-59）。

图3-59　再次尝试摘柿子

四、调整材料——分工配合，由独自尝试走向大合作

基于柿子总是掉到地上、用床单也接不住的问题，我们展开了讨论："为什么这么大的床单还是不能接住柿子呢？怎样能更好地保护柿子不被摔坏？"

"我们没有走到柿子掉下来的地方。"阳阳说。

"对，我们没有向上看清楚。"

"那我们站到柿子掉下来的地方，把床单抻平，眼睛看着柿子。"齐齐说。

曦曦说："我的杆子加长了但总是歪，我们又给它捆了一根绳子，这样就结实多了。""我们再去试一次吧。"孩子们再次提出自己的整改方案，大家采摘兴致很浓。基于对他们兴趣和想法的满足："好吧，那我们带上工具再尝试一次吧。"话音刚落，教室里一片欢呼声，孩子们兴奋地再次来到柿子树下。

"我站上木凳去摘，你们扶着凳子，阳阳你们用床单接好。"

"我们接好了，没问题。"

"哇！成功啦！"

"我们摘到柿子啦！"

此刻孩子们忙得不亦乐乎，每个人的脸上都洋溢着自豪和快乐的笑容，他们在采摘中体验丰收的喜悦，在实践中了解自然的奥秘（见图 3-60）。

图 3-60 成功摘到柿子

《3-6 岁儿童学习与发展指南》科学领域中指出："大自然和生活中真实的事物与现象是幼儿科学探究的生动内容，激发探究兴趣，体验探究过程，发展初步的探究能力是幼儿科学学习的核心。"幼儿要通过实际操作、亲身体验，去模仿、感知、探究，"做中学"，"玩中学"，"生活中学"，不断积累经验，逐步地构建自己的理解与认知。

合作采摘完全由幼儿自发组织，他们的需求由他们自己讨论后实施，从独自尝试走向大合作，幼儿对使用工具采摘柿子的兴趣直线上升，一遍一遍地调整工具，一次一次地尝试，摘不到就再次想办法，摔坏了就想办法接住，运用已有生活经验调整、优化工具，不断调动和运用已有的经验，并在不断面临挑战和解决问题的过程中获得新的经验，全身心地投入采摘活动中，体验成功的喜悦。

幼儿合作探究，在经验迁移中形成良好的学习态度和能力。他们的求胜心和探究欲望被激发出来后，我给予了他们一定的支持，帮助他们梳理已有经验、总结新经验，并在后续活动中运用积累的经验，如此反复循环，使幼儿逐步形成良好的受益终生的学习品质。

我帮助幼儿梳理经验、总结迁移，不断提升工具效果。工具的不断改进让幼儿的采摘活动不断升级，他们的已有经验在老师的支持和鼓励下、在合作探究中得以迁移和提升。有了迁移生活经验的能力，相信不管是采摘柿子还是其他活动，都将为幼儿的深入学习奠定基础。

在这次"自主探索，体验生活"采摘柿子的课程故事中，幼儿通过亲身体验、探索尝试，激发了强烈的采摘兴趣和改造工具的想法；在发现问题、分析问题、解决问题的探索过程中，体验成功的乐趣和喜悦，从而不断积累经验。

采摘柿子这一课程故事虽然告一段落，但生活化、游戏化的课程，以及有趣的课程故事还将继续……